의인은
믿음으로
살리라

성결과 권능 시리즈·입문 편3

의인은 믿음으로 살리라

이재록 목사

우림

복음에는 하나님의 의가 나타나서
믿음으로 믿음에 이르게 하나니
기록된바 오직 의인은 믿음으로
말미암아 살리라 함과 같으니라
(로마서 1:17)

펴내는 글

의인이 가진 보물

마시멜로 법칙이 있습니다. 아이들에게 달콤한 마시멜로를 주고 15분을 먹지 않고 기다리면 하나를 더 주겠다고 약속합니다. 이때 유혹을 이기지 못하고 먹어치운 아이들보다 15분을 견딘 아이들이 장차 성공할 확률이 훨씬 높다고 합니다. 그런데 주 안에서도 성공적인 신앙생활을 위해 자신의 생각과 마음을 다스리며 절제하는 사람들이 있습니다.

모세는 애굽 왕자로서 죄악의 낙을 누리기보다 하나님의 백성과 함께 고난 받기를 선택하였고 사도 바울 역시 자기를 절제하고 마음의 죄를 싸워 버리며 복음 전파를 위해 생명 다해 충성하였습니다. 그리하여 하나님 앞에 의인이라 인정받았지요.

반면에 당장 눈앞에 보이는 쾌락을 좇아 살아가거나 재물이나 명예, 학식을 최고의 가치로 여기는 사람도 있는데 이런 것은 영원하지 못할 뿐 아니라 그것을 얻는 데에 많은 수고와 고통이 따릅니다. 잠언 15장 6절에 "의인의 집에는 많은 보물이 있어도 악인의 소득은 고통이 되느니라" 말씀하신 대로입니다.

대부분의 사람은 불의에 맞서 싸우고 위기에 빠진 사람을 구하면 의롭다고 생각하지만 진정한 의인은 하나님 말씀을 지켜 행하며 죄를 버리고 온전히 성결된 사람입니다. 아무리 의롭게 산다 해도 모든 사람은 부모에게서 원죄를 받아 태어난 데에다 살면서 이런저런 죄를 짓기 때문에 하나님이 보실 때 진정한 의인이라고 보기는 어렵습니다. 그래서 하나님께서는 독생자 예수 그리스도를 보내셔서 진정한 의인이 되는 길을 열어 주셨습니다. 예수 그리스도를 믿고 영접하는 이마다 죄 사함을 받아 의인이라 칭함을 받게 된 것이지요.

믿음으로 값없이 의롭다 하심을 받은 하나님의 자녀는 성령을 선물로 받아 죄를 버리고 마음의 의를 이루어 하나님 보시기에 진정한 의인이 될 수 있습니다. 구약 시대에는 성령을 선물로 받지 못하였기 때문에 행함으로 죄를 짓지 않으면 죄 있다 하지 않았습니다. 그러나 예수님께서 오신 후에는 어떻습니까? 마음으로만 죄악을 품어도 죄 있다 하십니다. 여자를 보고 음욕을 품어도 이미 마음에 간음한 것이니 마음의 의를 이뤄야 합니다. 우리가 죄를 버리기 위해 노력할 때 하나님의 은혜와 능력이 임하고 성령의 도움으로 성결을 이루며 진정한 의인이 될 수 있습니다.

그러기 위해서는 무엇보다 "오직 의인은 믿음으로 말미암아 살리라"(롬 1:17) 하신 대로 믿음을 소유해야 합니다. 행함이 없는 죽은 믿음이 아니라, 마음에서 믿어지는 영적인 믿음을 가져야 합니다. 믿음은 '바라는 것들의 실상'이므로 믿음으로 바라볼 때에 현실로 이뤄집니다. 믿음이 있는 사람은 당장 응답이 없다 해도 실망하지 않습니다.

자신이 기도하고 구하는 것을 가장 좋은 때에 가장 좋은 것으로 응답하실 것임을 믿기 때문입니다(막 11:24). 그래서 믿음은 보배 중의 보배입니다. 이런 믿음을 가진 의인이 되면 뛰어난 사람, 복 있는 사람이 될 뿐 아니라, 강건하고 형통한 삶을 누립니다(출 15:26 ; 신 28:1~14).

많은 사람이 하나님을 믿는다고 하면서도 믿는 그 자체에 머물러 마음의 의를 이루려는 노력을 하지 않습니다. 마음 안에 여전히 죄성을 버리지 않은 채 이런저런 죄를 지으며 살아갑니다. 말씀을 들어도 행함이 없는 죽은 믿음이므로 기도해도 응답받지 못하고 답답하게 신앙생활을 하는 것입니다. 이런 분들을 위해 이 책에는 의인과 믿음에 대해 구체적으로 설명하면서 의인이 되어 축복받을 수 있는 길을 제시하고 있습니다.

『의인은 믿음으로 살리라』는 성결과 권능 시리즈 입문 편 세 번째 말씀으로서 1995년 2주연속 특별 부흥성회 열다섯 편의 말씀을 정리하여 수록하였습니다. 클릭 바이블을 통해 악인과 의인의 모습을 비교하여 의인으로 사는 것이 얼마나 복된 일인지 깨닫게 하며, 참된 믿음으로 무엇이나 응답받을 수 있도록 구성하였습니다.

시편 118편 15절에 "의인의 장막에 기쁜 소리, 구원의 소리가 있음이여 여호와의 오른손이 권능을 베푸시며" 하셨으니 오직 믿음으로 사는 의인이 되어 범사에 하나님의 권능을 체험하며 많은 보물을 소유하시기 바랍니다.

2009년 9월

이 재 록 목사

글 머리에

하나님 말씀은 우리를 축복과 영생의 길로 인도하는 등불이 됩니다. 자신의 믿음을 점검하고 진정한 의인이 될 수 있도록 안내하는 말씀을 모아 한권의 책으로 구성하였습니다. 『의인은 믿음으로 살리라』는 하나님께서 인정하시는 의인과 온전한 믿음에 관한 말씀으로 구분됩니다.

의인에 관한 첫 번째 말씀 '의인은 믿음으로 살리라' 편에서는 의인 아브라함과 하나님과의 신뢰 관계를 통해 의인과 믿음에 대해 개괄적으로 살펴보았습니다. 그 다음 '순종' 편에서는 순종이 의인의 길로 들어서는 관문이며, 하나님 말씀에 순종함으로 축복받고 영광 돌려 나가게 됨을 설명합니다. 세 번째 '요동하지 말라' 편에서는 의인이 되기 위해 영적으로 요동하지 말아야 될 분야에 대해 알려줍니다.

'당세에 완전한 자' 편에서는 악한 것을 본받지 않고 모든 면에서 의롭고 완전한 사람이 되었을 때 받는 축복을 알려 주며 그 길을 갈 수 있도록 이끌어 줍니다. 이어지는 '의를 위해 핍박받는 자' 편에서는 믿는 사람이 받는 핍박의 종류와 대응 방법에 대해 영적으로 설명해 줍니다. 그리고 '욥의 행사' 편에서는 욥의 신앙을 살펴보면서 하나님께서 진정 원하시는 사람은 어떤 사람인지 깨닫게 합니다.

'율법을 행하는 자' 편에서는 의인이란 하나님 말씀을 듣기만 하는 것이 아니라 실제적으로 행하는 사람임을 설명하고 있습니다. 하나님 말씀대로 행할 때 죄 사함 받고 구원받는 것은 물론, 기도하는 것마다 응답받을 수 있음을 알려 주며 의인에 관한 말씀을 마무리합니다.

믿음에 관한 첫 번째 말씀 '일천 번제의 정성' 편에서는 솔로몬이 일천 번제의 정성을 드려 전무후무한 지혜를 받았음을 설명합니다. 이어서 우리가 어떻게 하나님 앞에 정성을 내보여 하나님의 마음을 감동시키고 소원까지도 이룰 수 있는지 비결을 알려 줍니다. 두 번째 '주여 저를 도우소서' 편에서는 의롭고 겸비한 마음을 가진 수로보니게 여인이 어떠한 믿음으로 응답받았는지 살펴보면서 우리도 믿음으로 응답받을 수 있도록 이끌어 줍니다.

'들풀도 입히시거든' 편에서는 공중의 새와 들풀도 먹이고 입히시는 하나님을 우리가 진정 믿는다면 하루하루의 삶을 어떻게 살아야 할 것인지 깨닫게 합니다. 이어지는 '믿음이 없이는 기쁘시게 못하나니' 편에서는 믿음의 선진들이 어떻게 하나님을 기쁘시게 해 드렸는지 살펴봄으로써 믿음으로 하나님을 기쁘시게 할 수 있는 길을 제시합니다.

'저희의 믿음을 보시고' 편에서는 우리가 살아갈 때 사람의 마음을 얻는 후덕함이 얼마나 좋은 것인지 설명하면서 하나님 앞에 믿음의 행함을 내보일 때 응답받을 수 있음을 깨닫게 합니다. 그리고 '믿음을 지켰으니' 편에서는 어떤 상황에서도 믿음을 지키는 사람을 하나님께서 사랑하고 기뻐하며 높여 주신다는 것을 설명하고 있습니다.

이어 '네 믿음이 너를 구원하였으니' 편에서는 12년 동안 혈루증을 앓던 여인이 예수님 앞에 나와 치료받은 것을 살펴보면서 어떤 마음가짐과 믿음으로 하나님 앞에 나갈 때 응답받을 수 있는지 알려 줍니다. 마지막으로 '여호와의 묵시와 정한 때' 편에서는 모든 만물에는 하나님의 능력과 신성이 나타나 있어 하나님의 살아 계심을 알 수 있고 심판의 때가 반드시 온다는 사실을 마음에 새겨 항상 깨어 있는 신앙생활을 영위하도록 도와줍니다.

혹여 '꼭 그렇게 의인이 되어야 하나? 적당하게 믿고 평범하게 살면 안 되는가?' 생각할 수 있습니다. 시편 37편 29절에 "의인이 땅을 차지함이여 거기 영영히 거하리로다" 하셨고, "완전히 행하는 자가 의인이라 그 후손에게 복이 있느니라"(잠 20:7) 하셨으니 신속히 참 마음과 온전한 믿음을 가진 의인으로 나와 이 땅에서 복을 받는 것은 물론, 천국에서 영생복락을 누리시길 기원합니다.

2009년 9월

빈 금 선 편집국장

contents

의인

The Righteous Man

믿음
Faith

의인
The Righteous Man

누가 지혜가 있어 이런 일을 깨달으며 누가 총명이 있어 이런 일을 알겠느냐
여호와의 도는 정직하니 의인이라야 그 도에 행하리라 **호 14:9**

창세기 18:26 여호와께서 가라사대 내가 만일 소돔 성중에서 의인 오십을 찾으면 그들을 위하여 온 지경을 용서하리라

시편 1:6 대저 의인의 길은 여호와께서 인정하시나 악인의 길은 망하리로다

이사야 26:7 의인의 길은 정직함이여 정직하신 주께서 의인의 첩경을 평탄케 하시도다

에스겔 18:9 내 율례를 좇으며 내 규례를 지켜 진실히 행할진대 그는 의인이니 정녕 살리라 나 주 여호와의 말이니라

마태복음 13:49~50 세상 끝에도 이러하리라 천사들이 와서 의인 중에서 악인을 갈라내어 풀무 불에 던져넣으리니 거기서 울며 이를 갊이 있으리라

로마서 5:19 한 사람의 순종치 아니함으로 많은 사람이 죄인 된 것같이 한 사람의 순종하심으로 많은 사람이 의인이 되리라

야고보서 5:16 이러므로 너희 죄를 서로 고하며 병 낫기를 위하여 서로 기도하라 의인의 간구는 역사하는 힘이 많으니라

Chapter 1

의인은 믿음으로 살리라

그 일 후에 하나님이 아브라함을 시험하시려고 그를 부르시되 아브라함아 하시니 그가 가로되 내가 여기 있나이다 여호와께서 가라사대 네 아들 네 사랑하는 독자 이삭을 데리고 모리아 땅으로 가서 내가 네게 지시하는 한 산 거기서 그를 번제로 드리라 … 아브라함이 그곳에 단을 쌓고 나무를 벌여놓고 그 아들 이삭을 결박하여 단 나무 위에 놓고 손을 내밀어 칼을 잡고 그 아들을 잡으려 하더니 … **창세기 22:1~13**

세상에는 수많은 사람이 살아가지만 진정 만족한 삶을 살고 있다고 자신 있게 말할 사람은 찾아보기 힘듭니다. 이것이 있으면 저것이 없고 저것이 있으면 이것이 없으며 저마다 이런저런 문제를 안고 살아가기 때문입니다. 만일 그 문제들을 완전히 해결해 줄 수 있는 사람이 있다면 어찌하든 그를 찾아가 해결받고자 할 것입니다. 과연 누가 모든 인생의 문제를 해결해 줄 수 있을까요?

⚜ 생명도 내줄 수 있는 신뢰의 아름다움

우리는 이 세상에 살면서 남에게 무엇을 부탁해야 할 때도 있고 부탁을 받을 때도 있습니다. 만일 그 일이 악한 일이라면 하나님께서 기뻐하지 않으시니 결코 동참하지 말아야 합니다. 이와 달리 선한 일을 부탁받았을 때 그것을 이루어 주기 위해 자기의 모든 것, 심지어 생명도 아끼지 않고 나서서 해결해 준다면 참으로 아름다운 일일 것입니다.

성경에도 이런 예가 잘 나옵니다. 바로 에스더가 그 주인공입니다. 포로로 잡혀 온 자기 민족이 악한 하만의 계략으로 멸망할 위기에 처하자 모르드개는 페르시아의 왕비가 된 에스더에게 부탁합니다. 왕에게 나아가 자기 민족을 위하여 청원하라는 것입니다. 하지만 에스더는 선뜻 나설 수 없었습니다.

누구든지 왕의 부름이 없이 그 앞에 나아가면 죽임을 당하기 때문입니다. 단 왕이 은혜를 베풀어 금홀을 내민 경우에는 목숨을 건질 수 있었지요. 거듭되는 모르드개의 요청에 에스더는 삼 일 금식을 한 후 생명을 걸고 왕 앞에 나아갔습니다. 민족을 위해 죽음을 각오한 것이지요. 이렇게 아름다운 마음을 가진 에스더에게 하나님께서 지혜를 주고 왕의 마음을 주관하시니 민족을 위기에서 구하게 됩니다.

다윗과 요나단의 경우도 그렇습니다. 다윗은 사울 왕에게 충성을 다했지만 사울은 다윗을 시기하여 죽이려 합니다. 상황이 심상치 않음을 감지한 다윗은 사울 왕의 아들인 요나단에게 왕의 동정을 살펴 달라고 청합니다. 요나단은 쾌히 승낙하지요. 그리고는 식사 자리에서 아버지 사울의 의중을 살피는데 다윗에게 향한 분노가 여전함을 발견합니다. 요나단은 이러한 사실을 다윗에게 알려 주었고, 다윗은 피신하여 생명을 보존할 수 있었습니다. 다윗은 평생 그 은혜를 잊지 않습니다. 그가 왕위에 오른 후 요나단의 아들 므비보셋을 찾아 사울 왕에게 속한 모든 재산을 도로 주고, 또한 왕자 중 하나처럼 왕의 상에서 먹도록 배려해 주었습니다. 생명을 나눈 친구의 아들이니 친아들처럼 극진히 대한 것입니다.

에스더나 요나단은 모두 선 가운데 자기 유익이나 생명을 돌보지 않고 청을 들어 주었기 때문에 합력하여 선을 이루고 결과도 복으로 나타났습니다. 이를 통해 우리는 사람과의 관계에서 신뢰와 사랑이 얼마나 아름답고 가치 있는 것인지 알 수 있습니다. 모르드개는 부모 없는 에스더를 마치 딸처럼 양육하였고 이처럼 서로 신뢰할 수 있는 사이여서 생명을 담보로 하는 부탁까지 주고받을 수 있었던 것입니다.

요나단 역시 다윗을 자기 생명같이 사랑하고 기뻐하여 서로 언약을 맺었습니다. 사실 요나단과 다윗은 서로 원수지간이 되기 쉬운 상황이었습니다. 요나단은 사울 왕의 아들로 왕위를 계승할 수 있는 위치였고 다윗은 하나님께서 사울 왕가를 버리시고 새로이 왕을 삼기로 결정된 사람이었기 때문입니다. 그러나 그들 사이에는 모든 것을 초월하는 신뢰가 있었기에 언약을 맺은 것입니다. 이는 하나님과 우리 사이에도 마찬가지입니다.

하나님과 아브라함의 신뢰 관계

아브라함은 약 4천 년 전에 살았던 사람으로서 갈대아 우르 태생입니다. 우르는 고대 문명의 발상지인 유프라테스 강 하류 서안의 고대 수메르 도시였습니다. 아브라함은 하나님께서 기쁘게 받을 만한 중심의 소유자요, 의인이었습니다. 하나님은 그가 얼마나 의로운지 드러내고 더 온전케 하기 위해 시험하십니다. 그 과정을 보면 아브라함과 하나님 사이에 얼마나 신뢰가 있었는지 알 수 있습니다.

창세기 12장을 보면 하나님은 "너는 너의 본토 친척 아비 집을 떠나 내가 네게 지시할 땅으로 가라" 하십니다. 목적지를 알려 주지 않고 앞으로 지시하게 될 땅으로 가라고 말씀하신 것입니다. 아브라함은 갈 바를 알지 못했지만 하나님을 전폭적으로 믿기 때문에 말씀에 순종해서 길을 떠났습니다.

또한 그는 하나님께서 자기의 모든 삶을 보고 계시며 함께하신다는 것을 믿기 때문에 모든 것을 맡겼습니다. 하나님은 이러한 아브라함의 삶 가운데 항상 함께해 주셨습니다. 흔히 사람들은 어려운 일이 닥치면 하나님께 매달려 보다가 응답이 빨리 안 되면 쉽게 포기해 버리지만 아브라함은 모든 것을 인내하며 끝까지 믿음으로 나아갔던 것입니다.

마침내 하나님의 인도하심에 따라 가나안 땅으로 들어갔는데 그곳에는 이미 여러 족속들이 터를 잡고 살고 있었습니다. 현실을 보면 불가능하지만 아브라함은 하나님께서 "이 땅을 네 자손에게 주리라" 하시니 그대로 믿었습니다. 그런데 "너로 큰 민족을 이루고 네게 복을 주어 네 이름을 창대케 하리니 너는 복의 근원이 될지라" 하신 약속이 무색하리만큼 그 땅에 심한 기근이 들어 도저히 살 수 없을 정도가 되었습니다.

더는 그 땅에 그냥 머물러 있을 수 없어 애굽 땅으로 이주해야 했지만 아브라함은 하나님의 약속을 조금도 의심치 않고 묵묵히 인내하며 때를 기다렸습니다. 비록 하나님께서 주신 꿈과 자신이 처한 현실이 맞지 않아 보여도 하나님을 원망하지 않고 오직 믿음의 눈으로 바라본 것입니다.

아브라함이 애굽에 갔더니 그곳에서는 또 어떤 일이 일어났습니까? 애굽 왕 바로에게 아내를 빼앗기고 말았지요. 당시에는 얼마든지 이러한 일이 가능했습니다. 아브라함도 이 일을 어느 정도 예상하고 있었지요. 아내 사라가 매우 아름다웠기 때문에 혹시 애굽 사람이 자신을 죽이고 아내를 빼앗을지 모른다고 생각하여 그녀를 누이라 말하게 한 것입니다. 실제 사라는 아브라함의 이복 누이였으니 거짓말은 아니었지요.

사라를 빼앗긴 아브라함은 그 대가로 후한 대접을 받고 양과 소와 노비와 암수 나귀와 약대를 얻었지만 그런 것을 어찌 사랑하는 아내와 비교할 수 있겠습니까? 기근을 피해 애굽으로 왔는데 아내마저 빼앗겼으니 참으로 막막한 상황입니다. 아브라함은 이런 상황에서도 하나님을 원망하지 않았습니다.

아브라함의 의와 믿음

아브라함이 하나님을 전적으로 신뢰하니 하나님께서는 바로와 그 집에 큰 재앙을 내리셨고 바로 왕은 즉시 사라를 아브라함에게 돌려보냈습니다. 오히려 이 일로 아브라함은 육축과 은금이 더욱 풍부해졌습니다. 하나님께서 합력하여 선을 이루신 것이지요. 하나님의 역사와 능력은 이처럼 믿음이 있는 곳에 임합니다.

하나님이 아브라함을 축복하시니 그와 함께한 조카 롯까지 복을 받았습니다. 어찌나 가축이 많았던지 목초지와 물을 얻기 위해 아브라함의 목자들과 롯의 목자들이 서로 다투는 일까지 생겼지요. 그러자 아브라함은 롯에게 말합니다. "우리는 한 골육이라 나나 너나 내 목자나 네 목자나 서로 다투게 말자 네 앞에 온 땅이 있지 아니하냐 나를 떠나라 네가 좌하면 나는 우하고 네가 우하면 나는 좌하리라"(창 13:8~9)

그는 삼촌이면서도 눈앞에 펼쳐진 땅의 선택권을 조카에게 줍니다. 참으로 선하고 아름다운 마음이지요. 아무와도 원망과 시비가 없이 오직 덕과 사랑으로 모든 일을 지혜롭게 처리해 나갑니다. 이런 모습에서 하나님께 대한 그의 신뢰가 어떠한지 알 수 있습니다. 하나님께서 함께하신다면 그에게는 어떤 땅을 택하느냐가 중요한 문제가 아니었습니다.

하나님께서는 이런 아브라함의 마음과 행함을 기뻐 받으시고 그를 축복하셨습니다. 롯이 아브라함을 떠난 뒤에 "너는 눈을 들어 너 있는 곳에서 동서남북을 바라보라 보이는 땅을 내가 너와 네 자손에게 주리니 영원히 이르리라 내가 네 자손으로 땅의 티끌 같게 하리니 사람이 땅의 티끌을 능히 셀 수 있을진대 네 자손도 세리라"(창 13:14~16) 하셨습니다.

조카 롯에 대한 아브라함의 선대는 여기서 끝나지 않습니다. 롯이 아브라함과 헤어져 자기 보기에 더 좋아 보이는 요단 들을 선택해 살다가 소돔까지 이르렀는데, 그만 그 땅에 전쟁이 일어났습니다. 전쟁에서 소돔과 고모라가 패하자 많은 사람이 포로로 잡히고 재물까지 빼앗겼습니다. 롯 역시 사로잡히고 말았지요.

이 소식을 전해들은 아브라함은 자기 집에서 기르고 연습한 318명의 사람들을 데리고 가서 롯과 사람들을 구해왔습니다. 참으로 목숨을 건 행동이었지요. 그러면서도 아브라함은 되찾아온 재물 중에 어떤 것도 자기 것으로 삼지 않았습니다. 롯을 구하고 빼앗긴 물건을 되찾아온 것은 자기 유익을 위해서가 아니었습니다. 오로지 선한 마음에서 롯을 구하려고 했던 것입니다.

뿐만 아니라 하나님께서 죄악으로 가득한 소돔과 고모라 성을 멸하실 것을 알려 주시자, 아브라함은 소돔과 고모라의 백성을 긍휼히 여겨주시라고 간청했습니다(창 18:22~32). 그 결과 의인 열 명만 있어도 멸하지 않겠다는 약속을 받아냅니다. 하지만 소돔과 고모라 성에는 의인 열 명이 없어 결국 멸망당할 수밖에 없었습니다. 하나님께서는 이때에도 아브라함을 생각하셔서 롯을 구해 주셨지요(창 19:29).

그런데 한 가지 안타까운 일이 있었습니다. 아브라함에게 대를 이을 아들이 없었던 것입니다. 생각다 못한 아브라함은 집에서 키운 다메섹 사람 엘리에셀을 상속자로 삼고자 합니다. 이때 하나님은 "네 몸에서 날 자가 네 후사가 되리라"고 분명히 말씀하십니다. 그리고는 그를 밖으로 이끌어 "하늘의 뭇별같이 네 자손이 셀 수 없을 정도로 많게 될 것이라"고 다시 한 번 가슴 벅찬 약속을 주십니다.

아브라함은 이 말씀을 그대로 믿었습니다. 이미 자신이나 아내가 나이 많아 늙었지만, 현실을 바라보지 않았습니다. 전지전능하신 하나님을 믿었기 때문에 무조건 '아멘'으로 대답할 수 있었습니다. 하나님께서는 아브라함의 믿음을 크게 기뻐하시고 이를 그의 의로 여기셨습니다. 그런데 1년이 가고 2년이 가고 10년이 넘도록 아무런 소식도 없습니다.

참다못한 아내 사라는 인간적인 방법을 동원합니다. 아브라함에게 자신의 여종인 하갈과 동침하여 자녀를 얻도록 권유한 것입니다. 그런데 그것이 결국 풍파를 일으키고 맙니다. 하갈이 자기가 잉태했다는 사실을 알고 여주인 사라를 멸시한 것입니다. 자신이 시작한 일이었지만 문제가 생기니 사라는 아브라함을 원망합니다.

이때에도 아브라함은 어느 한 편으로 치우침이 없이 공정하게 일을 처리했습니다. 하갈은 자신의 아이를 잉태한 여인이기 이전에 사라의 여종이기 때문에 사라가 원하는 대로 하게 했습니다. 흔히 사람들은 정에 치우치고 나에게 잘해 준다는 이유로 편벽되게 행동하는데 아브라함은 모든 일에 좌우로 치우치지 않았던 것입니다. 그럴 때에 바른 판단과 분별이 오고 바른 삶을 살 수 있습니다.

아브라함이 99세가 되었을 때에 하나님께서 내년 이맘때에 사라가 아들을 낳을 것이라 하셨는데 과연 그 말씀대로 아브라함은 백 세에 이삭을 얻었습니다. 그런데 또 문제가 생겼습니다. 하갈이 낳은 이스마엘이 이삭을 희롱하는 것을 사라가 본 것입니다. 사라는 아브라함에게 하갈과 이스마엘을 내쫓으라고 요구합니다. 이스마엘도 자신의 피를 이어받은 아들이니 아브라함은 깊이 근심했지요.

하지만 하나님께서 사라의 말대로 하라 하시니 그대로 순종하였습니다. 아침 일찍 하갈과 이스마엘을 떠나보내지요. 이처럼 믿음의 사람은 정과 욕심에 치우치지 않고 하나님의 뜻이면 오직 아멘으로 순종하는 것을 볼 수 있습니다. 하나님께서는 아브라함의 순종을 기뻐하시고 이스마엘을 통해서도 큰 민족을 이루게 하십니다.

⚜ 하나님께서 기뻐하시는 믿음

이제까지 아브라함이 어떤 마음으로 믿음을 지켰는지 알아보았습니다. 하나님께서 아브라함을 믿음의 조상으로 택할 수밖에 없었던 이유, 곧 그의 의로운 중심을 잘 알 수 있습니다.

하나님께서는 순종하는 아브라함을 축복하기 위한 마지막 시험을 허락하셨습니다. 사랑하는 독자 이삭을 번제로 드리라는 것입니다. 인간적인 생각을 동원하면 참으로 이해할 수 없습니다. 하나님께서 약속의 씨로 주신 아들을 죽여서 뼈는 뼈대로, 살은 살대로 각을 떠서 불살라 번제로 바치라는 것입니다. 그러나 아브라함은 이삭을 바쳐도 하나님께서 다시 살리실 줄로 믿었기 때문에 조금도 주저하지 않고 순종했습니다.

하나님을 전폭적으로 믿었기 때문에 이삭을 바치는 행함이 나올 수 있었습니다. 믿음이 있기 때문에 행함으로 나타나는 것입니다. 이렇게 의인은 하나님 말씀을 온전히 믿고 행하니 하나님의 역사가 따릅니다. 로마서 1장 17절을 보면 "오직 의인은 믿음으로 말미암아 살리라" 말씀합니다. 그러면 믿음은 무엇일까요?

우선 믿음에는 육적인 믿음과 영적인 믿음이 있습니다. 사람은 성장하면서 배운 것을 머리에 지식으로 쌓습니다. 이런 지식과 일치할 때에만 믿는 믿음이 바로 육적인 믿음입니다. 내 생각이나 지식과 맞지 않는 일, 즉 해와 달이 운행을 멈춘다거나 죽은 사람이 살아난다는 등의 상식에 어긋난 일을 믿을 수 없지요. 육적인 믿음은 응답받을 수 없으며 구원받을 수도 없기 때문에 죽은 믿음이라고 합니다.

반면에 영적인 믿음은 산 믿음이라고 하며 마음에서 믿어지는 믿음입니다. 내 생각과 지식에 맞추지 않으며 하나님 말씀을 그대로 믿습니다. 영적인 믿음을 소유하려면 로마서 10장 17절에 '믿음은 들음에서 난다' 하였으니 하나님 말씀을 듣고 그 말씀대로 행해 나가야 합니다. 그럴 때 지식적인 믿음이 받침대가 되어 하나님께서 영적인 믿음을 소유할 수 있도록 도와주십니다.

믿음은 각 사람마다 차이가 있습니다. 로마서 12장 3절에 "마땅히 생각할 그 이상의 생각을 품지 말고 오직 하나님께서 각 사람에게 나눠 주신 믿음의 분량대로 지혜롭게 생각하라" 하신 대로입니다. 겨우 구원받을 만한 믿음이 있는가 하면, 말씀대로 행하려고 노력하는 믿음, 말씀대로 행할 수 있는 믿음, 지극히 하나님을 사랑하는 믿음, 하나님을 기쁘시게 하는 믿음에 이르기까지 사람마다 그 분량이 다릅니다(『믿음의 분량』 책자 참조). 이는 얼마나 말씀대로 행하는지, 죄를 버리고 성결되었는지, 나아가 온 집에 충성하는지에 따라 차이가 납니다.

하나님께서는 살아 계셔서 구하는 사람에게 주시며 하나님 보시기에 의와 믿음을 내보이는 사람에게 역사하십니다. 야고보서 2장 21

절에 "아브라함도 그 아들 이삭을 제단에 드릴 때에 행함으로 의롭다 하심을 받았다" 했습니다. 하나님께서 믿음으로 행군한 아브라함에게 어떠한 축복을 주셨습니까?

창세기 22장 16절 이하를 보면 "네가 이같이 행하여 네 아들 네 독자를 아끼지 아니하였은즉 내가 네게 큰 복을 주고 네 씨로 크게 성하여 하늘의 별과 같고 바닷가의 모래와 같게 하리니 네 씨가 그 대적의 문을 얻으리라 또 네 씨로 말미암아 천하 만민이 복을 얻으리니 이는 네가 나의 말을 준행하였음이니라" 하셨습니다. 하나님께서는 약속하신 대로 아브라함에게 범사에 넘치는 복을 주셨습니다.

누구든지 아브라함처럼 의인이 되면 이루지 못할 것이 없습니다. 기도하는 것마다 응답받고 문제가 해결되며 질병도 치료받을 수 있습니다. 그러므로 믿음으로 살아가는 의인이 되어 마음의 모든 소원을 응답받으시기 바랍니다.

Chapter 2

순종

사무엘이 가로되 여호와께서 번제와 다른 제사를 그 목소리 순종하는 것을 좋아하심같이 좋아하시겠나이까 순종이 제사보다 낫고 듣는 것이 수양의 기름보다 나으니 이는 거역하는 것은 사술의 죄와 같고 완고한 것은 사신 우상에게 절하는 죄와 같음이라 왕이 여호와의 말씀을 버렸으므로 여호와께서도 왕을 버려 왕이 되지 못하게 하셨나이다 **사무엘상 15:22~23**

우리 주변에는 불화의 골이 깊은 가정, 사업 실패와 부도로 재기할 희망조차 없을 정도로 막막한 상황에 빠진 사람들이 있습니다. 그러나 잠언 4장 18절에 "의인의 길은 돋는 햇볕 같아서 점점 빛나서 원만한 광명에 이르거니와" 말씀한 대로 어떤 어려운 상황이라 해도 하나님 말씀에 순종하는 사람은 돋는 햇볕처럼 점점 빛나는 삶을 살게 됩니다.

⚜ 순종은 의인으로 들어가는 문

순종의 사전적 의미는 '순순히 따름'입니다. 순종에는 여러 가지 유형이 있습니다. 억지로 순종하는 경우, 자신의 능력 안에서 할 수 있다고 생각될 때에만 순종하는 경우, 무조건 순종하는 경우, 마음으로 깨달아 기꺼이 순종하는 경우이지요. 그중 하나님이 원하시는 순종은 하나님 뜻을 마음으로 깨달아 기쁨으로 순종하는 것입니다. 이처럼 온전한 순종이 되면 사람의 생각으로 불가능한 일도 능히 이루고 어떠한 환경도 초월할 수 있습니다. 순종은 하나님의 놀라운 능력을 끌어내리는 통로이기 때문입니다.

하나님 보시기에 의인은 순종하는 사람입니다. 곧 하나님 말씀에 순종하여 행하는 사람이라야 의인이라 할 수 있지요. 거룩하신 하나님께서 아버지 되심과 예수님이 우리의 죄 때문에 십자가를 지셨음을 믿는다면 당연히 말씀대로 죄를 버리고자 노력합니다. 악을 행하던 사람이 선을 행하고 행위적인 죄뿐만 아니라 마음의 죄성까지 벗어 버리며 의롭게 변화되는 것입니다.

야고보서 2장 22절에 "믿음이 그의 행함과 함께 일하고 행함으로 믿음이 온전케 되었느니라" 말씀하셨습니다. 정녕 하나님을 믿는 사람은 '미워하지 말라', '시기하지 말라' 하셨으니 미움과 시기를 버리고 '원수도 사랑하라' 하신 대로 원수도 사랑하기 위해 노력합니다. 이렇게 하나님 말씀을 행함으로 순종하는 만큼 의인이 되었다고 할 수 있으며 순종이 온전히 이루어질수록 의인으로서의 자격을 갖춘 것입니다.

⚜ 순종하는 사람을 기뻐하시는 하나님

세상에는 주종 관계나 조직 사회와 같이 순종이 잘 이루어져야 할 분야가 많습니다. 얼마나 질서 안에서 잘 순종하느냐에 따라 결과가 다르게 나타납니다. 예를 들어, 진실하고 바른 삶을 사는 부모라면 당연히 자녀를 바르게 가르치려고 노력할 것입니다. 혹 그렇지 않은 부모라 해도 자녀만은 반듯하게 자라기를 원하겠지요.

부모는 자녀에게 무엇을 가르칩니까? 우선 언제 자고 일어나야 하는지 등 시간 관리를 잘하도록 가르칩니다. 손발을 깨끗이 씻고 정리 정돈을 잘하며 언어와 행실이 어떠해야 하는지 이 모양 저 모양으로 가르치며 양육합니다. 이때 부모는 자녀가 "예" 하고 순종하기를 원할 것입니다. 사제지간이나 회사에서도 마찬가지입니다. 스승은 가르침을 잘 따르는 제자를 원할 것이고 회사에서는 조직의 질서 안에 순종하는 성실하고 유능한 직원을 원할 것입니다.

제가 교회 일꾼들을 볼 때에도 순종을 잘하는 사람이 더 사랑스럽고 기쁨이 됩니다. 하나님의 마음도 이와 같습니다. 그러니 하나님께서 오직 순종만 하는 아브라함이 어찌 사랑스럽지 않으셨겠습니까? 생명보다 귀한 독자라도 순종하여 바칠 수 있는 마음이니 기뻐하고 축복하신 것을 볼 수 있습니다. 하나님은 그러한 믿음과 순종을 의로 여기고 기뻐하십니다.

⚜ 하나님 말씀에 순종하지 못하는 이유

이스라엘의 초대 왕 사울은 하나님께 불순종을 거듭한 대표적인 사람입니다. 사무엘 선지자는 그에게 "순종이 제사보다 낫고 듣는 것이 수양의 기름보다 나으니 이는 거역하는 것은 사술의 죄와 같고 완고한 것은 사신 우상에게 절하는 죄와 같음이라 왕이 여호와의 말씀을 버렸으므로 여호와께서도 왕을 버려 왕이 되지 못하게 하셨나이다" 하며 엄히 책망합니다.

사울이 왜 이런 말을 듣게 되었을까요? 하나님은 분명히 "아말렉 족속과 그 소유를 남기지 말고 진멸하라" 명하셨는데 사울은 아말렉 왕 아각을 사로잡아오고 기름진 양과 소 등 좋은 것은 남기고 가치 없는 것만 죽였던 것입니다. 이러한 불순종이 계속되니 결국 하나님께 버림받고 끝내 전쟁 중에 스스로 목숨을 끊는 비참한 결말을 맞았지요.

여기서 우리가 깨달아야 할 것은 사람이 자기 생각 때문에 순종하지 못한다는 점입니다. 내 생각, 내 지혜, 내 방법을 동원하고 내가 옳다고 생각하는 것을 고집하기 때문입니다. 하나님 말씀 중에는 우리 지식과 반대되는 것이 많습니다. '낮아지라, 섬겨라, 오른뺨을 때리면 왼뺨도 대 줘라, 속옷을 달라 하면 겉옷도 주어라, 누가 억지로 오 리를 동행하자 하면 십 리도 동행하라' 하십니다. 이런 말씀은 일반적인 생각과 매우 동떨어집니다. 이러한 자기 생각이 있기 때문에 순종할 수 없지요.

하나님께서 '기도하라, 충성하라, 사랑하라' 하시는데 자기 생각에 맞추기 때문에 순종하지 못하고 변명이 나오는 것입니다. '용서하라, 원수도 사랑하라' 하셨지만 '그는 최소한의 도리조차 지키지 않으니 용서하지 못 하겠다' 한다면 순종이 나올 수 없습니다.

예수님께서 제자들에게 가르쳐 주신 기도문을 보면 '우리가 우리에게 죄 지은 자를 사하여 준 것같이 우리 죄를 사하여 주옵시고' (마 6:12)라고 기도하라 하셨습니다. 이 말씀은 역으로 우리가 우리에게 죄 지은 자를 용서하지 않으면 우리도 하나님께 용서받을 수 없다는 것입니다. 예수님은 일흔 번씩 일곱 번이라도 용서하라 하시며 끝없는 용서를 가르쳐 주셨지요.

죄로 인하여 사망의 길로 갈 수밖에 없던 우리가 하나님의 은혜로 값없이 구원을 받았으니 우리도 서로 용서하는 것이 마땅합니다. 이것이 바로 하나님의 마음에 맞추는 것입니다. 자기 마음에 맞으면 사랑하고, 맞지 않을 때에는 사랑하지 않는다면 참사랑이라 할 수 없습니다.

⚜ 순종의 의인에게 역사하시는 하나님

우리가 자기 생각을 버리고 순종할 때 하나님의 역사를 받을 수 있습니다. 순종하는 만큼 하나님께서 형통한 길로 인도하십니다. 그러므로 자신의 생각이나 지식, 환경에 맞추지 않고 무조건 순종하는 것이 복되지요.

사르밧 과부는 어떠하였습니까? 삼 년 반 동안 계속된 극심한 가뭄 끝에 남은 것이라고는 한 번 먹을 양식밖에 없었습니다. 마지막 양식을 먹고 나면 죽음을 기다릴 수밖에 없었지요. 그런데 갑자기 하나님의 사람 엘리야가 찾아와서 그것을 자기에게 달라 합니다. 엘리야는 "이스라엘 하나님 여호와의 말씀이 나 여호와가 비를 지면에 내리는 날까지 그 통의 가루는 다하지 아니하고 그 병의 기름은 없어지지 아니하리라 하셨느니라"(왕상 17:14)고 약속하였습니다.

마지막 남은 양식을 달라고 하니 참으로 염치없는 부탁일 수 있으나 과부는 엘리야가 전하는 하나님 말씀에 순종하였습니다. 그랬더니 엘리야의 말대로 이루어져 가뭄이 끝나는 날까지 양식 걱정 없이 평안하게 살 수 있었습니다. 엘리야의 요청이 보통 사람의 생각으로는 도무지 이해되지 않고 순종하기 어려운 일입니다. 그런데도 사르밧 과부는 이유나 핑계를 대지 않고 순종하였습니다. 하나님께서는 이런 중심을 아셨기에 이스라엘의 많은 사람을 두고 이방 시돈 땅에 사는 사르밧 과부를 통해 역사하신 것입니다.

나아만 장군도 마찬가지입니다. 그는 아람 나라의 존귀한 군대 장관으로서, 한센병(문둥병)을 치료받기 위해 많은 예물을 가지고 엘리사 선지자를 찾아 먼 이국 땅 이스라엘까지 찾아왔습니다. 그런데 엘리사는 얼굴도 보이지 않은 채 사환을 시켜 "요단강 물에 일곱 번 몸을 담그라"는 전갈만 보냅니다. 생각을 동원하면 순종할 수 없는 일입니다. 강물에 몸을 담가 치료될 수 있다면 자기 나라에 있는 더 크고 수질이 좋은 강에 몸을 담그는 것이 나을 것입니다. 순간 나아만 장군은 화가 나서 그냥 돌아가려 했습니다.

이때 그의 종들이 "내 아버지여 선지자가 당신을 명하여 큰 일을 행하라 하였더면 행치 아니하였으리이까 하물며 당신에게 이르기를 씻어 깨끗하게 하라 함이리이까"(왕하 5:13) 말했지요. 종들이 나아만에게 아버지라 부르며 권면의 말을 할 수 있었다는 것은 평소 그가 얼마나 종들을 선대하며 겸비한 사람이었는지 알려 줍니다. 나아만은 종들의 권유를 받아들여 돌이켜 선지자의 말대로 순종하였습니다. 그랬더니 피부가 어린아이 살같이 깨끗하게 치료되었습니다.

엘리사가 요단강에 몸을 일곱 번 씻으라 한 데에는 특별한 영적 의미가 있습니다. 요단강은 구원을 의미하고, 물은 죄를 씻어 구원에 이르게 하는 하나님 말씀을 뜻합니다. 다른 강이 아무리 크고 맑아도 구원과 상관이 없으니 하나님의 역사가 나타날 수 없습니다. 왜 일곱 번 씻으라고 하였을까요? 일곱은 완전수로서 온전함을 의미합니다. 하나님 말씀으로 씻어 온전히 죄를 버리고 의인이 되면 깨끗이 치료된다는 것입니다. 그럴 때 모든 질병을 치료받을 수 있고, 가정, 일터, 사업터, 자녀 등 모든 문제가 해결될 수 있다는 말입니다. 또 마음의 소원, 간구와 기도에 응답받을 수 있는 것입니다.

당시 의학이나 사람의 힘으로는 도저히 어찌할 수 없었던 나아만 장군의 문둥병이 깨끗하게 치료된 것은 선지자의 말대로 순종했기 때문입니다. 나아만 장군은 자신의 생각을 깨뜨리고 하나님 뜻대로 순종하여 하나님의 능력으로 치료받았습니다. 이처럼 행함 있는 믿음으로 하나님을 기쁘시게 하면 무엇이든지 응답받을 수 있습니다.

그러므로 순종하는 사람이 왜 의인인지 마음에 잘 양식 삼아 오직 진리 말씀에 순종해야 하겠습니다. 그리하여 믿음의 조상 아브라함처럼 하나님과 동행하는 삶을 영위하며 영육 간에 넘치는 축복을 받아 영광 돌리시기 바랍니다.

Chapter 3

요동하지 말라

혹이 요담에게 그 일을 고하매 요담이 그리심 산 꼭대기로 가서 서서 소리를 높이 외쳐 그들에게 이르되 세겜 사람들아 나를 들으라 그리하여야 하나님이 너희를 들으시리라 하루는 나무들이 나가서 기름을 부어 왕을 삼으려 하여 감람나무에게 이르되 너는 우리 왕이 되라 하매 감람나무가 그들에게 이르되 나의 기름은 하나님과 사람을 영화롭게 하나니 내가 어찌 그것을 버리고 가서 나무들 위에 요동하리요 한지라 … **사사기 9:7~15**

지구상에는 수만 종의 식물이 있습니다. 그중에는 대마유, 아마인유, 콩기름, 참기름, 피마자유, 올리브유 등 일상생활에 유용한 기름을 내는 식물이 있지요. 기름은 종류에 따라 용도가 달라지는데 콩기름이나 참기름, 올리브유같이 식용으로 쓰이는 것이 있고 아마인유와 같이 도료나 인주, 잉크 등을 만드는 데 사용되는 것이 있습니다. 또 오늘날에는 식물성 기름이 환경친화적인 바이오연료로 사용되기도 합니다. 이렇게 특성에 따라 각각의 분야에 적절히 사용되어야 하는데 그렇지 않으면 어떻게 되겠습니까? 만일 식용으로 사용할 수 없는 기름을 섭취한다면 몸에 해로울 것입니다.

약방의 감초는 뿌리에 단맛이 있어서 다른 한약재와 달리 다양하게 사용됩니다. 단맛이 비위를 돕고 다른 약재의 작용을 부드럽게 하기 때문입니다. 이런 감초라도 환자의 증상에 따라 금하는 경우가 있습니다. 즉 감초는 체내에 염분과 수분을 축적시켜서 고혈압이나 심장병에는 좋지 않다고 합니다. 이처럼 우리가 흔히 사용하는 것 중에도 들어가야 할 곳과 들어가서는 안 될 곳이 있습니다. 들어가야 할 곳에 들어가면 좋은 결과를 얻지만, 그렇지 않은 경우 부작용이나 좋지 않은 결과를 가져올 수 있습니다.

⚜ 요동하지 않은 나무들과 가시나무의 비유

사사기 9장에는 기드온의 아들 요담이 세겜 사람들을 향해 외치는 장면이 나옵니다. 그가 왜 감람나무와 무화과나무, 포도나무, 가시나무의 비유를 들어 외치고 있는지 먼저 그 배경을 살펴보겠습니다.

출애굽한 이스라엘 백성이 가나안 땅에 정착해 살면서 아직 그들에게 왕이 없을 때에 하나님께서는 시대마다 그들을 지도할 사사를 세우시고 친히 주관해 가셨습니다. 이때 이스라엘이 하나님께 범죄하여 미디안 사람들로부터 7년간 괴롭힘을 당한 일이 있습니다. 고통

중에 이스라엘 백성은 하나님께 부르짖었고 하나님께서는 기드온을 사사로 세우시고 적은 수의 군대로 미디안 사람들을 물리쳐 승리하게 해 주셨습니다.

그러자 이스라엘 백성이 기드온에게 자신들을 다스려 줄 것을 요청합니다. 기드온은 "내가 너희를 다스리지 아니하겠고 나의 아들도 너희를 다스리지 아니할 것이요 여호와께서 너희를 다스리시리라" 하며 거절합니다. 그런데 기드온이 죽은 뒤 첩의 아들인 아비멜렉이 왕이 되려는 욕심으로 음모를 꾸몄습니다.

아비멜렉은 자기 어머니의 고향인 세겜 사람들을 회유하여 자금을 마련한 후 그 돈으로 불량한 사람들을 모아 아버지의 집으로 찾아갑니다. 아버지의 아들들, 곧 자신의 이복형제 칠십 명을 한꺼번에 몰살하였습니다. 다행히 막내아들 요담만은 몰래 숨어 화를 면할 수 있었습니다. 결국 아비멜렉이 세겜 사람들을 등에 업고 왕이 되자, 이 소식을 전해들은 요담은 참을 수가 없었습니다.

그는 세겜 남쪽에 있는 그리심 산 꼭대기로 올라가 감람나무와 무화과나무, 포도나무와 가시나무를 비유하여 세겜 사람들에게 외칩니다. 나무들이 그들의 왕을 뽑으려고 할 때에 아름다운 열매를 맺는 감람나무와 무화과나무, 포도나무는 요동하지 않고 전부 왕이 되는 것을 사양하였지만, 아무 쓸모없는 가시나무만이 자기 분수도 모른 채 교만하여 왕이 되고자 했다는 내용입니다.

이는 곧 기드온과 기드온의 아들들은 백성의 요청에도 왕의 자리를 탐내지 않았지만 오히려 첩의 아들인 아비멜렉이 악한 방법으로 왕이 된 것을 비유한 것이지요. 물론 이 일 때문에 하나님의 보응이 임하여 아비멜렉을 왕으로 세운 세겜 사람들은 도리어 아비멜렉의 손에 진멸되었고, 아비멜렉 역시 비참하게 죽고 말았습니다. 저마다 자신의 위치에서 지켜야 할 도리가 있는데 이에서 벗어나니 불행한 결과를 초래한 것입니다.

각자 위치에서 지켜야 할 도리

모든 사람은 자기 위치에서 해야 할 일과 도리가 있습니다. 도리란 사람이 마땅히 지켜야 할 바른 길을 말합니다. 자녀는 부모를 섬기고 형제간에 우애하며 나이 어린 사람은 웃어른을 공경하는 등 사람이 지켜야 할 바른 길을 갈 때 도리를 좇는다고 할 수 있습니다. 부모로서 해야 할 도리가 있고 남편으로서, 아내로서 도리가 있습니다. 또한 주의 종으로서 도리가 있고, 양 떼의 도리가 있습니다.

예를 들어, 주의 종이라면 성도들이 악은 모양이라도 버리고 온전히 진리 안에 살도록 깨우쳐 주며, 하나님을 사랑하고 범사에 천국 소망 가운데 승리하는 삶을 살도록 이끌어야 합니다. 양 떼 편에서는 말씀에 순종함으로 변화되어 의롭고 정결한 사람이 되며 온 집에 충성하는 것이 도리이지요.

부모는 "또 아비들아 너희 자녀를 노엽게 하지 말고 오직 주의 교양과 훈계로 양육하라"(엡 6:4) 권면한 대로 진리 안에서 자녀를 바르게 양육해야 합니다. 자녀 역시 주 안에서 부모를 공경하고 말씀에 순종해야 하지요(엡 6:1).

또한 아내는 남편을 머리로 섬기며 가정을 돌볼 책임이 있으므로, 에베소서 5장 22~23절에 "아내들이여 자기 남편에게 복종하기를 주께 하듯 하라 이는 남편이 아내의 머리 됨이 그리스도께서 교회의 머리 됨과 같음이니"라고 권면하셨습니다. 남편은 가장으로서 가정을 지키고 아내를 사랑하되 그리스도께서 교회를 사랑하고 위하여 자신을 주심같이 해야 합니다(엡 5:25).

상하 관계에서는 어떻게 하는 것이 도리일까요? 에베소서 6장 5~7절을 보면 "종들아 두려워하고 떨며 성실한 마음으로 육체의 상전에게 순종하기를 그리스도께 하듯 하여 눈가림만 하여 사람을 기쁘게 하는 자처럼 하지 말고 그리스도의 종들처럼 마음으로 하나님의 뜻을 행하여 단 마음으로 섬기기를 주께 하듯 하고 사람들에게 하듯 하지 말라" 교훈하셨습니다.

이어서 윗사람의 도리도 알려 주셨지요. "상전들아 너희도 저희에게 이와 같이 하고 공갈을 그치라 이는 저희와 너희의 상전이 하늘에 계시고 그에게는 외모로 사람을 취하는 일이 없는 줄 너희가 앎이니라" 또한 골로새서 4장 1절에는 "상전들아 의와 공평을 종들에게 베풀지니 너희에게도 하늘에 상전이 계심을 알지어다" 말씀하셨습니다. 이처럼 모든 사람은 각자 자기 위치에서 해야 할 도리가 있습니다. 그러면 왜 도리를 다해야 하는지 몇 가지 예를 들어 보겠습니다.

하나님의 자녀에게 가장 중요한 목표는 영생입니다. 성경에 나오는 이스라엘 왕이나 선지자, 서기관, 바리새인들은 백성에게 하나님의 뜻을 알려 그 뜻대로 살게 함으로 천국을 소유하게 하는 사명이 있었습니다. 그런데 어떤 왕은 자신은 물론 백성까지 범죄케 하고, 어떤 선지자는 거짓 행함으로 백성이 죄 가운데 빠지도록 만들기도 했습니다.

열왕기상 22장에 나오는 아합 왕이 전쟁의 승패를 묻기 위해 모은 400명가량의 선지자도 다 거짓 선지자였습니다. 북이스라엘의 아합 왕이 남유다의 여호사밧 왕에게 아람을 치기 위해 연합군 형성을 제의합니다. 이때 여호사밧 왕은 먼저 하나님의 뜻을 선지자들에게 묻고자 합니다. 이에 아합 왕은 많은 선지자를 모읍니다. 그런데 이들에게 거짓말하는 영이 들어가니 시드기야 같은 이는 철로 뿔을 만들어 가지고 와 "여호와의 말씀이 왕이 이것들로 아람 사람을 찔러 진멸하리라 하셨다"고 승리를 장담합니다.

나머지 선지자들도 마찬가지였습니다. 나중에 불려온 미가야 선지자만이 전쟁에서 패하게 될 것을 경고하였으나 아무 소용이 없었습니다. 결국 아합 왕은 여호사밧과 함께 아람을 치러 갔고, 그 전투에서 죽음을 당합니다. 여호사밧도 악한 사람과 함께하니 하마터면 죽을 뻔한 위기를 맞았습니다.

예수님 당시의 서기관과 바리새인들도 겉으로는 거룩한 체하였으나 악을 행하는 사람이 많았습니다. 마치 눈먼 사람이 눈먼 사람을 인도하는 격으로, 다른 사람까지 잘못된 길로 인도한 것입니다. 그들은 교만할 뿐만 아니라 탐심이 가득하여 사람들 위에 군림하고자 했습니다. 반면에 참된 목자는 하나님을 바로 알도록 해 주고, 회개하여 깨끗한 마음이 되도록 인도해 줍니다. 따라서 하나님의 자녀가 참된 목자를 만나는 것은 매우 중요합니다. 하나님의 뜻을 잘 가르침받고 올바른 신앙생활을 하여 영생을 소유할 수 있기 때문입니다.

요동하지 않는 신앙생활

자신의 위치와 도리를 지키는 것은 사회적으로도 중요하지만 교회 모든 조직 내에서 꼭 필요한 사항입니다. 모든 사람이 소중하고 모든 것이 다 귀합니다. 어떻게 누구는 특별히 사랑하고 누구는 덜 사랑하며 어느 조직은 소중히 여기고 어느 조직은 소홀히 여길 수 있겠습니까? 결코 그럴 수 없지요.

"몸은 하나인데 많은 지체가 있고 몸의 지체가 많으나 한 몸임과 같이 그리스도도 그러하니라 우리가 유대인이나 헬라인이나 종이나 자유자나 다 한 성령으로 세례를 받아 한 몸이 되었고 또 다 한 성령을 마시게 하셨느니라 몸은 한 지체뿐 아니요 여럿이니 만일 발이 이르되 나는 손이 아니니 몸에 붙지 아니하였다 할지라도 이로 인하여 몸에 붙지 아니한 것이 아니요 또 귀가 이르되 나는 눈이 아니니 몸에 붙지 아니하였다 할지라도 이로써 몸에 붙지 아니한 것이 아니니 만일 온 몸이 눈이면 듣는 곳은 어디며 온 몸이 듣는 곳이면 냄새 맡는 곳은 어디뇨 그러나 이제 하나님이 그 원하시는 대로 지체를 각각 몸에 두셨으니 만일 다 한 지체뿐이면 몸은 어디뇨 이제 지체는 많으나 몸은 하나라 눈이 손더러 내가 너를 쓸데없다 하거나 또한 머리가 발더러 내가 너를 쓸데없다 하거나 하지 못하리라"(고전 12:12~21)

자신의 눈과 귀, 코와 입 중에서 어느 것이 더 중요할까요? 똑같이 다 중요합니다. 만일 눈만 있고 입이 없다면 얼마나 답답하겠습니까? 또 손이 여러 가지 일을 처리하는 데 유용하다 해서 발은 없어도 되는 것이 아니지요. 발이 없어 움직이지 못한다면 얼마나 불편하겠습니까.

가령 주일학교 교사가 "나는 어린이들을 가르치니 다른 사명을 맡은 사람보다 덜 중요한가 봐"라고 생각한다면 옳지 않습니다. 주일학교 교사가 아이들을 잘 가르쳐야 중고등부, 청년부, 장년부로 올라가면서 훌륭하게 성장할 수 있기 때문입니다. 또한 눈에 잘 띄지 않는 식당에서 봉사한다 해서 성도들의 시선을 받는 성가대를 부러워하거나 그것이 더 중요하다고 생각하는 것도 합당치 않습니다. 하나님 앞에서는 모두가 다 중요합니다. 비록 성도들의 눈에 띄지 않아도 봉사하는 사람이 있기 때문에 교회 전체가 원활하게 돌아가는 것입니다.

하나님의 자녀는 한 몸을 이루는 소중한 지체들입니다. 그러니 서로를 쓸데없다 하거나, 다른 지체를 마음아프게 해서는 안 됩니다. 만일 그런 일이 있다면 회개하고 돌이켜야 하며, 혹여 상대에게 허물이 있다 해도 사랑으로 덮어 주고, 누가 칭찬을 받으면 함께 기뻐하며 격려해 주어야 합니다. 또한 누가 아파하면 기도와 금식으로 도와주어야 할 것입니다. 이와 같이 각자의 위치에서 자기의 사명을 소중히 여기며 주어진 일에 충성해야 합니다. 이처럼 자기 위치에서 본분을 잘 감당할 때 모든 일을 화평 가운데 이루어 갈 수 있습니다.

본문을 보면 감람나무는 자기를 왕으로 삼으려 해도 그 자리를 사양하며 전혀 요동치 않습니다. "나의 기름은 하나님과 사람을 영화롭게 하나니 내가 어찌 그것을 버리고 가서 나무들 위에 요동하리요" 하면서 왕이 되는 것을 마다하였습니다. 무화과나무도 "나의 단 것, 나의 아름다운 실과를 내가 어찌 버리고 가서 나무들 위에 요동하리요" 하였고, 포도나무 역시 "하나님과 사람을 기쁘게 하는 나의 새 술을 내가 어찌 버리고 가서 나무들 위에 요동하리요" 했습니다.

그러나 분수를 모르는 가시나무만큼은 요동하고 말았습니다. "너희가 참으로 내게 기름을 부어 너희 왕을 삼겠거든 와서 내 그늘에 피하라 그리하지 아니하면 불이 가시나무에서 나와서 레바논의 백향목을 사를 것이니라" 하였습니다.

우리는 이를 통해 자신을 알고 본분을 지키는 것이 얼마나 아름답고 소중한 일인지 알 수 있습니다. 하나님께는 모든 분야가 다 소중합니다. 다만 그 분야에서 어떻게 자신의 사명을 잘 감당하느냐가 중요하며, 행한 대로 상급을 받게 됩니다. 하나님은 우리가 요동치 않고 자기 위치를 잘 지킴으로 모든 것이 아름답고 온전하게 이루어지기를 원하십니다.

⚜ 기타 요동하지 말아야 할 분야들

요동치 말아야 할 분야 몇 가지를 더 설명하겠습니다.

첫째, 믿음의 반석에 서기까지 요동하지 말아야 합니다.

마태복음 7장 24~25절을 보면 "누구든지 나의 이 말을 듣고 행하는 자는 그 집을 반석 위에 지은 지혜로운 사람 같으리니 비가 내리고 창수가 나고 바람이 불어 그 집에 부딪히되 무너지지 아니하나니 이는 주초를 반석 위에 놓은 연고요" 했습니다. 여기서 반석은 예수 그리스도를 의미하며(고전 10:4), 믿음의 반석이란 예수 그리스도 곧 진리 안에 굳건하게 서 있는 단계를 말합니다.

우리가 믿음의 반석에 서면 어떤 시험 환난이 오더라도 좌우로 치우치지 않습니다. 믿음이 흔들리지 않기 때문에 하나님의 뜻이라면 곧장 그 길을 가므로 원수 마귀 사단의 유혹을 받지 않고 항상 승리하는 것입니다. 설령 어떤 시험 환난이 온다 해도 중심에서 기쁨과 감사가 우러나며 변함없이 기도하므로 평강을 잃지 않습니다. 좌우로 치우치거나 흔들리지 않고 예수 그리스도 안에서 든든히 서 있는 것입니다. 이렇게 믿음의 반석에 선 사람이라면 말씀대로 지켜 행하니 하나님 사랑을 받으며 문제가 해결됩니다.

그러므로 시험 환난이 닥치거나 원수 마귀 사단이 방해해도 반석에 선 믿음을 갖기까지 요동치 말고 나가야 합니다. 믿음의 반석에 선 다음에는 더욱 성결되며 주님을 온전히 닮기 위해 노력해야 합니다. 또한 치료받거나 문제를 해결받고자 하는 사람도 응답받을 때까지 요동하지 말아야 합니다. 사단이 의심을 주어도 하나님은 무엇이나 하실 수 있는 분이니 믿음으로 물리쳐야 합니다.

둘째, 기도할 때에도 요동하지 말고 습관을 좇아 해야 합니다.

충만하고 기쁠 때에는 기도하고 피곤하고 졸리면 기도를 쉰다거나 평안할 때에는 기도하지 않다가 시험 환난이 오면 그때서야 기도해서는 안 됩니다. 하나님은 쉬지 말고 기도하라 하셨으니 기쁠 때나 슬플 때나 언제든지 기도해야 합니다.

응답받기 위해서도 요동하지 말고 기도해야 합니다. 야고보서 1장 6~8절을 보면 "오직 믿음으로 구하고 조금도 의심하지 말라 의심하는 자는 마치 바람에 밀려 요동하는 바다 물결 같으니 이런 사람은 무엇이든지 주께 얻기를 생각하지 말라 두 마음을 품어 모든 일에 정함이 없는 자로다" 했습니다. 믿지 못하고 의심하며 이랬다, 저랬다 한다면 응답받지 못한다는 것입니다.

참 믿음으로 구할 때에는 어떤 상황에서도 평안하지만, 두 마음을 품고 기도할 때에는 불안하고 초조하며 시험 환난이 오면 쉽게 요동합니다. 만일 갑자기 자녀가 열이 펄펄 끓어서 기도받았는데도 낫지 않는다면 어떨까요?

참 믿음으로 구한 사람은 요동하지 않고 응답받을 때까지 변함없이 기도할 것입니다. 그러나 두 마음을 품은 사람은 '열이 내리지 않으면 어떡하나.' 하며 의심합니다. 그러다가 응답의 기미가 보이지 않으면 기도하기를 포기하는 것입니다. 순간순간 의심이 들어도 단호히 물리치고 성령님의 인도에 따라 열심히 진리를 행해 나가야 합니다. 그럴 때 마음으로 들려오는 성령의 음성을 통해 담대함과 응답의 확신이 오고 결국에는 구하는 것마다 응답을 받습니다.

셋째, 사랑하는 데에도 요동하지 말아야 합니다.

한번 사랑했으면 변함없이 사랑해야 합니다. 하나님께서 독생자 예수님을 내어 주시기까지 우리에게 사랑을 주셨으니 우리도 요동하거나 변하지 말고 하나님을 사랑해야 합니다. 그런데 어떤 시험이나 연단을 받을 때 과연 하나님과 주님을 사랑하는 마음에 변함이 없었는지요? 중심에서 하나님을 사랑하지 않는 사람은 막상 어렵고 힘든 일이 오면 하나님을 사랑한다던 마음이 흔들립니다.

예를 들어, 조금만 어렵고 힘든 일이 와도 '나는 열심히 한다고 했는데 왜 이런 일이 일어날까?' 하며 서운해하고 낙심하는 것이지요. '나는 이렇게 부족하고 잘못도 많으니까 나 같은 사람은 사랑하지 않으실 거야.' 하고 좌절하기도 합니다. 하나님의 사랑은 변함이 없는데 이런 생각과 마음이 든다는 자체는 벌써 자신의 마음이 요동했다는 것을 나타냅니다.

하나님을 향한 자신의 사랑이 변한 것은 깨닫지 못하고 반대로 하나님의 사랑이 이전과 다르다고 느끼는 것입니다. 이와 달리 중심에서 변함없이 하나님을 사랑하는 사람은 반드시 행함의 열매가 나옵니다. 전도의 행함, 성결의 행함, 기도의 행함, 영혼들과 주의 종에 대한 사랑의 행함으로 나오지요.

넷째, 충성과 봉사하는 데에도 요동하지 말아야 합니다.

선한 사람은 자기 유익이 아닌, 진리의 도를 좇기 때문에 하나님 뜻이 아니면 요동하지 않습니다. 다니엘과 그의 세 친구는 사자 굴이나 풀무 불에 던져진다 해도 요동하지 않고 진리를 지켰습니다.

우리도 주님 오실 때까지 각각의 분야에서 더욱 힘써 충성하고 전도하며 영혼 구원을 위한 열심이 뜨거워져야 합니다. 천국을 알았으니 가족과 이웃이나 일가친척이 구원받도록 열심히 사랑으로 섬기고 기도하며, 전도해야 합니다. 성결한 마음과 온전한 믿음을 갖기까지 요동하지 말고 자기의 위치에서 사명을 잘 감당하며 열심히 달려가시기 바랍니다.

Chapter 4

당세에 완전한 자

여호와께서 사람의 죄악이 세상에 관영함과 그 마음의 생각의 모든 계획이 항상 악할 뿐임을 보시고 땅 위에 사람 지으셨음을 한탄하사 마음에 근심하시고 가라사대 나의 창조한 사람을 내가 지면에서 쓸어 버리되 사람으로부터 육축과 기는 것과 공중의 새까지 그리하리니 이는 내가 그것을 지었음을 한탄함이니라 하시니라 그러나 노아는 여호와께 은혜를 입었더라 노아의 사적은 이러하니라 노아는 의인이요 당세에 완전한 자라 그가 하나님과 동행하였으며 … **창세기 6:5~12**

전에 도박 빚을 갚으려고 부모를 살해한 뒤 증거를 없애기 위해 집에 불을 지른 아들과 엽기적 살인 행각을 벌인 폭력 집단에 대한 기사가 보도된 적이 있습니다. 승객을 표적 삼아 범행을 저질러 온 택시 강도 사건, 많은 인명을 앗아간 지하철 독가스 살포 사건 등 우리를 아연실색하게 하는 일들이 세계 곳곳에서 일어납니다.

얼마나 패괴하고 강포한 일입니까? '패괴하다'는 것은 부서지고 무너진 것, 즉 타락한 것을 말하고, '강포'는 완강하고 포악한 것을 뜻합니다. 패괴하고 강포한 일들은 사람이 볼 때에도 절로 탄식이 나올 만큼 무서운 일입니다. 하물며 흠도 점도 없으신 하나님께서 보실 때 얼마나 한탄이 나오며 근심이 되시겠습니까?

쓰레기처럼 쓸모없는 물건은 집에 두지 않고 버리듯이 하나님이 보실 때에도 죄로 가득하여 패괴하고 강포한 사람들이라면 심판을 받습니다. 그런데 성경을 보면 온 세상을 심판하실 때 살아남은 사람이 있었습니다. 바로 노아와 그의 가족이지요. 노아는 하나님 보시기에 의인이며 당세에 완전한 자였기 때문입니다.

⚜ 당세에 완전한 의인 노아

노아는 한 나라의 백성으로서, 한 가정의 가장으로서, 부모로서 하나님 보시기에 의인이며 당세에 완전한 사람이었습니다. 하나님께서는 그의 의로움을 보고 홍수로 심판하기 전에 미리 알려 주셔서 방주를 예비케 하셨습니다. 비록 사람들은 물의 심판을 외치는 노아의 말을 듣지 않았지만 그의 아들들은 들었지요. 노아 자신이 의인이었기에 그의 자녀들도 의롭게 잘 양육했음을 알 수 있습니다. 그런 그가 다른 사람에게도 악을 행하지 않았을 것은 충분히 짐작할 수 있습니다.

오늘날에는 어떤 사람이 노아와 같은 의인일까요? 믿지 않는 사람들이 볼 때에는 어리석은 것 같아도 진실하게 법을 준수하는 사람, 정직하게 살아가는 사람, 모든 삶에 성실한 사람들이 여기에 속합니다. 이들은 잠시잠깐 즐거움을 위해 방탕하게 살지 않습니다. 여기에 믿음까지 소유한 사람이라면 어떻겠습니까?

이런 사람은 하나님 은혜로 죄 사함을 받고 구원을 얻어 천국을 소유할 뿐 아니라, 하나님 말씀대로 살아갑니다. 하나님을 사랑하고 아내를 내 몸과 같이 사랑하며 남편을 그리스도와 같이 섬기는 것이지요. 주 안에서 자녀를 잘 양육하고 자녀로서 부모를 공경하며 이웃을 사랑하고자 노력할 것입니다.

이렇게 하나님 말씀대로 살아가면 결국 노아와 같이 당세에 완전한 의인이 되는 것입니다. 하나님께서는 이런 사람들을 위해, 노아에게 역사하신 것처럼 구원의 방주를 예비하여 어려움을 당하지 않게 하십니다. 설령 어려움을 당했다 해도 불꽃같은 눈동자로 지키시며 피할 길을 주시지요.

⚜ 의인을 지키며 구원하시는 하나님

성경에는 의로운 사람들이 하나님의 도움으로 구원과 축복을 받은 사례들이 많이 나옵니다. 야곱의 아들 요셉은 형들에 의해 애굽에 노예로 팔려갔지만 하나님께서 함께하시니 범사에 형통하였습니다. 또 억울한 누명을 쓰고 감옥에 갇혔지만 그곳에서도 형통했지요. 오히려 합력해서 선을 이룸으로 애굽의 총리가 되었습니다.

엘리야에게는 하나님께서 어떻게 함께하셨습니까? 그가 하나님 뜻을 전한 것 때문에 악한 왕 아합과 이세벨에게 미움을 받아 수배를 당했을 때에 피할 길을 여시고 까마귀를 동원하여 아침 저녁으로 떡과 고기를 날라다 주셨습니다. 왕비 이세벨을 피해 광야로 도망갔을 때에는 천사가 직접 떡과 물을 주기도 하였습니다.

다니엘의 세 친구는 우상 숭배를 거절하였다는 이유로 평소보다 일곱 배나 더 뜨겁게 한 풀무 불에 던져졌지만 머리털 하나 그슬리지 않도록 지켜 주셨습니다. 다니엘이 사자 굴에 던져졌을 때에도 마찬가지입니다. 하나님께서 천사를 보내 사자의 입을 봉하시니 다니엘을 해치지 못하였습니다.

사도 바울에게는 배가 광풍을 만나 파선하기 직전에 이르렀을 때에 그가 목적지까지 무사히 가게 될 것을 알려 주셨습니다. 또 그가 실라와 함께 복음을 전하다 매를 맞고 깊은 감옥에 갇혔을 때에 하나님께서 땅이 움직일 만큼 큰 지진을 일으키시니 차꼬가 풀어지며 감옥 문이 열렸습니다.

이방인 고넬료라도 구제에 힘쓰고 기도하며 하나님을 경외하니 하나님께서 그와 그 가족을 구원하고자 베드로를 그들에게 보내셨습니다. 베드로를 통해 복음을 듣고 고넬료는 물론 함께한 모든 이가 성령을 받고 구원받았지요.

동정녀 마리아가 예수님을 잉태했을 때에는 어떠했습니까? 그녀의 정혼자 요셉은 그 사실을 알고도 주변에 드러내지 않고 가만히 끊고자 하였습니다. 만약 요셉이 악한 사람이었다면 자신과 동침도 하지 않은 마리아에게 심한 배신감을 느끼고 율법에 따라 돌로 치도록 했을 것입니다. 하나님께서는 의로운 요셉에게 천사를 보내 하나님의 섭리를 알려 줍니다. 천사가 꿈에 나타나 "요셉아, 네 아내 마리아 데려오기를 무서워 말라 저에게 잉태된 자는 성령으로 된 것이라"고 알려 준 것입니다. 하나님은 이렇게 의로운 사람들에게 구원을 베푸시고 보호하시며 응답으로 역사하십니다.

패괴하고 강포한 현 세대에 의인이 되어야

오늘날도 노아 시대처럼 하나님께서 심판하실 수밖에 없을 정도로 강포하고 패괴한 세대가 되었습니다. 사람의 마음과 생각, 모든 계획이 얼마나 악합니까? 하나님을 믿는다면서도 믿지 않는 사람과 다를 바 없는 경우가 많습니다. 신앙인으로서 하지 말아야 할 세상 오락을 즐기며 죄를 범하기도 합니다. 세상 풍조를 버리지 않으면 마음의 악을 버릴 수 없고 오히려 더 물들 수밖에 없습니다.

하나님의 뜻은 우리가 믿음으로 의인이 되는 것입니다. 예수님께서 이 땅에 오셔서 십자가를 지고 피 흘리신 것도 죄인 된 인류에게 구원의 길을 열어 주고 의롭게 살게 하기 위해서입니다. 비록 죄악이 가득 차 하나님께서 심판하실 수밖에 없는 세상이 되었다 해도 우리는 노아와 그의 가족처럼 지킴받고 구원받을 수 있는 의인이 되어야 합니다.

베드로전서 5장 8~9절에 "근신하라 깨어라 너희 대적 마귀가 우는 사자같이 두루 다니며 삼킬 자를 찾나니 너희는 믿음을 굳게 하여 저를 대적하라" 했습니다. 원수 마귀 사단은 하나님의 자녀가 죄를 짓고 사망에 이르도록 교묘히 미혹하기 때문에 항상 근신하고 깨어 있어야 합니다. 악한 세대를 본받지 말고 마음을 새롭게 하며 정결한 삶을 위해 온 마음과 정성을 다해야 하는 것입니다.

전도서 12장 12~13절을 보면 "내 아들아 또 경계를 받으라 여러 책을 짓는 것은 끝이 없고 많이 공부하는 것은 몸을 피곤케 하느니라 일의 결국을 다 들었으니 하나님을 경외하고 그 명령을 지킬지어다" 했습니다. 세상에서 쌓은 학식은 우리를 변화시킬 수도, 생명의 길로 인도하지도 못합니다. 오직 하나님 능력으로만이 가능합니다. 하나님을 믿고 진리 말씀대로 지켜 행할 때에 위로부터 은혜와 능력이 와서 우리의 속사람이 변화되는 것입니다.

당세에 완전한 자가 되는 방법

이처럼 속사람이 변화되어 우리도 당세에 완전한 사람이 되려면 구체적으로 어떤 행함이 필요할까요?

첫째로, 신령한 젖을 사모해야 합니다.

베드로전서 2장 1~2절에 "모든 악독과 모든 궤휼과 외식과 시기와 모든 비방하는 말을 버리고 갓난아이들같이 순전하고 신령한 젖을 사모하라" 말씀했습니다. 신령한 젖이란 하나님 말씀을 말합니다. 우리가 하나님 말씀을 듣고 배우며 깨닫지 않고서는 하나님이 원하시는 사람이 될 수 없습니다. 그러므로 신령한 젖을 사모하라는 것은 하나님 말씀에 귀 기울이라는 뜻이지요.

하나님 말씀은 우리를 의롭게 만들고 생명과 영생을 주며, 천국으로 인도합니다. 모든 악독과 궤휼과 외식과 시기와 비방하는 말을 버리라 하신 것은 신령한 젖을 사모하기 위해서는 그와 반대되는 것을 버려야 하기 때문입니다. 우리가 악독한 것을 버리고 신령한 젖을 사모하여 진리를 듣고 마음에 깊이 새겨야 믿음으로 승리할 수 있습니다.

둘째로, 세상 유혹에 물들지 않는 온전한 마음을 가져야 합니다.

하나님 말씀만이 영원하므로 우리는 잠시잠깐 후면 사라질 세상의 헛된 것과 정욕을 부추기는 모든 유혹을 과감히 끊어야 합니다. 어떻게 세상의 유혹을 끊을 수 있을까요? 초대교회 성도와 같이 모이기에 힘쓰고 사랑의 떡을 떼며 구제하고 서로 돌아보아 어려운 이웃을 도우며 하나님 말씀대로 살아가야 합니다.

베드로전서 3장 3~4절에 "너희 단장은 머리를 꾸미고 금을 차고 아름다운 옷을 입는 외모로 하지 말고 오직 마음에 숨은 사람을 온유하고 안정한 심령의 썩지 아니할 것으로 하라 이는 하나님 앞에 값진 것이니라" 하였습니다. 외모를 단장하려 하지 말고 속사람을 단장하여 거룩한 사람이 되라는 말씀입니다.

디모데전서 2장 9~10절에는 "여자들도 아담한 옷을 입으며 염치와 정절로 자기를 단장하고 땋은 머리와 금이나 진주나 값진 옷으로 하지 말고 오직 선행으로 하기를 원하라 이것이 하나님을 공경한다 하는 자들에게 마땅한 것이니라" 권면합니다. 디모데전서 6장 8절에도 "우리가 먹을 것과 입을 것이 있은즉 족한 줄로 알 것이니라" 했습니다. 먹는 것, 입는 것, 꾸미는 것은 흠이 되지 않을 정도이면 족합니다. 각종 현란한 문화가 우리를 세상에 물들게 하며, 탐심을 버리지 못하고 유혹을 끊지 못하게 만드니 경계해야 합니다.

세상의 고운 것도 아름다운 것도 결국 사라지게 마련이므로 사치와 탐심을 버리고, 먹을 것과 입을 것이 있으면 그것으로 족한 줄 알고 진리로 입고 먹고 꾸미는 거룩한 사람이 되어야 하는 것입니다. 그래서 세상의 어떤 것과도 비교할 수 없는 진리의 아름다움을 지닌 거룩한 성도가 되기를 하나님은 원하십니다.

하나님의 자녀는 주님의 신부로서 어떻게 단장해야 하겠습니까? 외모를 취하지 않고 중심을 감찰하는 하나님이시니 무엇보다도 마음을 깨끗이 해야 합니다. 물론 이 말이 외모는 아무렇게나 해도 된다는 의미는 아닙니다. 마음이 깨끗해지면 자연히 겉모습도 단정하고 아름답습니다.

셋째로, 신의 성품에 참예하는 사람이 되어야 합니다.

베드로후서 1장 4절에 "이로써 그 보배롭고 지극히 큰 약속을 우리에게 주사 이 약속으로 말미암아 너희로 정욕을 인하여 세상에서 썩어질 것을 피하여 신의 성품에 참예하는 자가 되게 하려 하셨으니" 했습니다. 신의 성품에 참예하는 것이란 하나님께서 거룩하고 온전하신 것처럼 우리도 마음의 죄악을 버리고 거룩하고 온전해지는 것을 말합니다.

하나님께서는 "내가 거룩하니 너희도 거룩할지어다"(벧전 1:16) 하셨고 "하늘에 계신 너희 아버지의 온전하심과 같이 너희도 온전하라"(마 5:48) 하셨기 때문입니다. 하나님의 거룩하심과 같이 거룩하고 온전하심과 같이 온전하면 하나님 성품과 그리스도의 마음을 닮는 것입니다.

그러면 당연히 성령의 아홉 가지 열매 곧 "사랑과 희락과 화평과 오래 참음과 자비와 양선과 충성과 온유와 절제"(갈 5:22~23)의 열매와 빛의 열매(엡 5:9)가 맺힐 것입니다. 이와 같은 열매가 자신에게 맺혔는지 살펴보면 얼마나 하나님의 성품을 닮았는지 분별할 수 있습니다.

빌립보서 2장 5~11절에는 예수 그리스도의 마음과 행함에 대해 잘 나와 있습니다. "너희 안에 이 마음을 품으라 곧 그리스도 예수의 마음이니 그는 근본 하나님의 본체시나 하나님과 동등 됨을 취할 것으로 여기지 아니하시고 오히려 자기를 비어 종의 형체를 가져 사람들과 같이 되었고 사람의 모양으로 나타나셨으매 자기를 낮추시고 죽기까지 복종하셨으니 곧 십자가에 죽으심이라 이러므로 하나님이 그를 지극히 높여 모든 이름 위에 뛰어난 이름을 주사 … 하나님 아버지께 영광을 돌리게 하셨느니라"

흠도 점도 없이 거룩한 예수님께서 자기를 비우고 죽기까지 하나님 말씀에 복종하셨듯이 하나님의 자녀 된 우리도 모든 사람을 섬기며 말씀대로 순종해야 합니다. 우리가 신령한 것을 사모하고, 세상의 유혹에 물들지 않는 온전한 마음을 소유하여 신의 성품에 참예하면 당세에 완전한 자가 될 수 있습니다.

악을 벗어 버리면 신실한 사람이 되고, 세상의 헛된 욕심을 버리고 자족할 줄 알면 욕심이 끊어지며, 신의 성품에 참예한 거룩한 사람이 되어 하나님이 기뻐하시는 의인이 되는 것입니다. 불같은 기도를 통해 성령의 도우심과 더불어 하나님의 은혜와 능력을 받아 진리 말씀대로 행함으로 하나님의 사랑과 축복을 받는 의인이 되시기 바랍니다.

Chapter 5

의를 위하여 핍박받는 자

> 의를 위하여 핍박을 받은 자는 복이 있나니 천국이 저희 것임이라 나를 인하여 너희를 욕하고 핍박하고 거짓으로 너희를 거스려 모든 악한 말을 할 때에는 너희에게 복이 있나니 기뻐하고 즐거워하라 하늘에서 너희의 상이 큼이라 너희 전에 있던 선지자들을 이같이 핍박하였느니라 **마태복음 5:10~12**

핍박이란 '상대를 괴롭게 하는 것'을 말합니다. 우리가 예수 그리스도를 믿으면 영생을 얻고 천국에 들어가기 때문에 어둠의 세력인 원수 마귀 사단이 가장 싫어합니다. 그래서 어찌하든 믿음을 갖지 못하도록 핍박하는 것을 볼 수 있습니다. 이러한 핍박이 없으면 좋을 것 같지만 꼭 그렇지는 않습니다. 오히려 신앙이 나태해지고 미지근해질 수 있기 때문입니다.

간혹 "하나님이 살아 계시고 전능하시다면 왜 예수 그리스도를 믿는 사람들이 핍박받고 죽임당하도록 허용하실까?" 하고 의문을 제기하는 사람이 있습니다. 교회사를 보면 예수님의 열두 제자뿐만 아니라 사도 바울을 비롯하여 예수 그리스도를 믿은 많은 사람이 믿음을 지키기 위해 핍박받고 순교해야 했습니다. 여기에 숨겨진 하나님의 섭리는 무엇일까요?

하나님께서 핍박을 허락하시는 이유

로마제국의 박해로 수많은 그리스도인이 순교당한 로마의 원형극장은 당시로서는 놀랄 만한 규모의 건물이었습니다. 많은 성도가 바로 이 원형극장에서 사자의 밥이 되었습니다. 사자들은 굶주려 있었기 때문에 우리에서 나오자마자 성도들에게 덤벼들어 뼈까지 부숴뜨려 먹었습니다. 그런데도 성도들은 죽음을 두려워하지 않고 오히려 찬양하며 죽어갑니다.

처음 로마 시민들은 피를 보고 열광했지만 시간이 지나면서 '왜 예수 그리스도를 믿는 사람들은 두려움 없이 찬송하며 죽어갈까? 그들이 믿는 예수 그리스도가 누구이기에 죽음도 불사하고 믿음을 지키는가?' 하는 궁금증을 갖기 시작합니다. 그리하여 많은 사람이 예수 그리스도를 알고자 했고 차츰 복음을 받아들이게 됩니다. 나중에는 황제의 어머니도 예수 그리스도를 믿게 되고 마침내 콘스탄티누스 황제가 기독교를 로마의 국교로 정합니다.

성도들의 피 흘림이 있었기에 로마제국이 기독교 국가가 될 수 있었던 것입니다. 당시 세계를 지배하던 로마가 기독교 국가가 되니 신속하게 복음이 전파되었고 하나님의 뜻이 이 땅에 이루어졌습니다. 이 모든 과정이 하나님 섭리 가운데 진행된 일입니다. 하나님께서는 순교한 사람 역시 조금도 억울하지 않게 천국에서 큰 상을 받고 빛나는 영광 가운데 거할 수 있도록 축복하십니다.

⚜ 핍박에 담긴 하나님의 사랑과 섭리

저는 7년 동안 수많은 병으로 고통받던 중 살아 계신 하나님을 만나 단번에 모든 병을 치료받았습니다. 세상의 어떤 방법으로도 해결하지 못한 문제가 하나님을 만나 해결되었으니 그 감사를 어찌 말로 다 표현할 수 있겠습니까. 그때부터 하나님은 나의 전부가 되셨습니다. 우선 술과 담배를 끊고 각종 예배에 참석하며 기도와 말씀에 주력하는 등 빛 가운데 살아가니 자연히 주변 사람이나 친구들에게서 멀어지고 그로 인해 핍박까지 받았습니다.

저는 핍박을 받아도 조금도 마음에 요동이 없었습니다. 사도 바울은 "누가 우리를 그리스도의 사랑에서 끊으리요 환난이나 곤고나 핍박이나 기근이나 적신이나 위험이나 칼이랴 기록된 바 우리가 종일 주를 위하여 죽임을 당케 되며 도살할 양같이 여김을 받았나이다 함과 같으니라 그러나 이 모든 일에 우리를 사랑하시는 이로 말미암아 우리가 넉넉히 이기느니라"(롬 8:35~37) 고백했는데 저 역시 마찬가지였습니다. 시간이 흐르면서 진실하게 사는 모습을 보여 주고 또한 축복을 받아가니 자연히 핍박이 사라졌습니다.

디모데후서 3장 12절에 “무릇 그리스도 예수 안에서 경건하게 살고자 하는 자는 핍박을 받으리라” 했습니다. 적당히 예수 그리스도를 믿으면 핍박받을 이유가 없습니다. 친구가 술 한 잔 하자 하면 같이 하고, 주일에 낚시하러 가자 할 때 함께 가면 핍박받을 이유가 없지요. 믿지 않는 남편이 주일에 동창 모임에 가자고 할 때 동행해 주면 핍박받지 않습니다. 하나님 뜻을 좇고자 하니 핍박을 받는 것입니다. 그러면 적당히 타협하며 살아야 할까요? 그렇지 않습니다.

우리 교회 한 장로님도 경건하게 살고자 노력하니 회사에서 핍박을 많이 받았습니다. 하루는 회사에서 전체 야유회를 가는데 주일이라는 이유로 그분은 가지 않았습니다. 자연히 윗사람들에게 미움을 받을 수밖에 없었지요. 그러니 회사 생활에 어려움이 많을 것 같은데 결과적으로 진실함을 인정받아 다른 사람보다 빨리 진급되어 중책을 맡게 되었습니다. 의를 위해 핍박받으니 하나님께서 축복하시고 높여 주신 것입니다.

물론 그 중간에 어려움이 없었던 것은 아닙니다. 하나님께서 그분을 회사에서 맨 밑바닥까지 낮추신 것입니다. 실적이 저조하여 몹시 곤고해하고 힘들어했습니다. 바로 거기에 하나님의 섭리가 있었습니다. 그 과정을 통해 그분의 자아와 교만 등을 철저히 깨뜨리신 것입니다. 마음이 낮아지니 자신의 힘과 능력으로 할 수 없음을 깨닫고 오직 하나님께 기도할 수밖에 없었지요.

퇴근하면 곧장 교회에 와서 기도하는 것이 일과가 되었습니다. 부르짖는 기도를 통해 영혼이 잘되었고 더욱 하나님을 뜨겁게 사랑하게 되었습니다. "누구든지 자기를 낮추는 자는 높아지리라"(마 23:12) 하신 말씀대로 마음이 겸손하고 낮아지고 섬기는 사람으로 변화되니 다시 높여 주셨습니다. 대개 사람들은 믿는 이들이 자기 생각에 맞지 않거나, 신앙 때문에 자신들과의 관계가 멀어진다고 느끼면 핍박할 수 있습니다. 그러나 하나님 자녀들이 믿음 안에서 범사가 잘되고 강건한 축복을 받는 것을 보게 되면 이들의 생각이 깨지고 오히려 그들도 믿음 안으로 들어오는 계기가 됩니다. 이것이 바로 그리스도의 향기를 발하는 것입니다.

핍박이 오는 이유

첫째로, 하나님 일을 이루어 갈 때에 다른 사람의 시기 질투로 오는 핍박이 있습니다. 시기하는 마음이 있으면 누가 잘되는 것을 보고 자기 생각에 맞추어 왜곡하여 소문을 퍼뜨리거나 악을 행하기도 합니다. 그것을 듣는 사람은 '그러한가?' 하고 동조하여 수군거립니다. 나쁜 교회, 나쁜 사람으로 낙인찍는 것입니다.

전에 우리 교회도 그런 핍박을 받은 적이 있습니다. 교회가 크게 부흥하니 시기 질투하는 사람들이 거짓 소문을 퍼뜨리고 이런저런 이유를 내세워 핍박하였습니다. 그러나 끝까지 의를 지키고 선 가운데 행해 나가니 하나님께서 오히려 축복으로 갚아 주셨습니다. 그런 일이 있을 때에 저는 핍박하는 사람들을 미워하지 않았고, 오직 기도로 모든 것을 하나님께 맡겼습니다.

마태복음 5장 44절에 "너희 원수를 사랑하며 너희를 핍박하는 자를 위하여 기도하라" 말씀합니다. 원수도 사랑하라 하셨으니 더구나 믿음의 형제끼리 미워하거나 감정을 품어서는 안 됩니다. 누구를 미워하고 감정을 품고 속상해하는 것이 얼마나 힘든 일입니까. 하나님 말씀대로 아무도 미워하지 않고 누구에게나 사랑을 줄 수 있다면 오히려 평안과 자유를 누리게 됩니다.

둘째로, 하나님 뜻에 따라 핍박이 허락되는 경우입니다. 이런 경우에는 합력하여 선을 이루게 됩니다. 우선 지혜가 부족하기 때문에 핍박을 허락하시는 경우가 있습니다. 핍박을 통해 지혜를 터득하도록 하시는 것입니다. 세상 사람들은 악한 꾀를 동원하여 사업을 하는데 믿음의 사람들은 그럴 수 없기 때문에 불리하다고 생각하는 분이 있습니다. 그러나 결코 그렇지 않습니다. 하나님께서 주시는 선의 지혜를 받으면 세상적인 지혜, 악한 지혜를 앞설 수 있기 때문입니다.

하나님 뜻에 따라 핍박을 허락하시는 또 다른 예는 큰 그릇을 만들어 축복을 주기 위해서입니다. 예를 들어, 다윗이 사울 왕에게 핍박받도록 허락하신 것은 그 과정을 통해 큰 인물을 만들기 위해서였습니다. 장차 사랑과 덕이 많은 왕이 되어 백성을 잘 다스릴 수 있도록 하기 위해, 나아가 이스라엘을 반석에 세우는 훌륭한 왕으로 다듬기 위해 허락하신 것입니다.

운동선수가 챔피언이 되기까지 혹독한 훈련을 받는 것과 마찬가지로 하나님도 그 자녀가 간구하고 기도하는 것에 응답하기 위해 합당한 그릇을 만드는 연단을 하십니다. 그런데 기도는 해 놓고 연단받는 것이 싫어 '내게 왜 이런 연단을 주십니까?' 하고 원망한다면 응답받을 자격이 없습니다. 항상 기뻐하고 감사하며 쉬지 않고 기도하면 반드시 응답되고, 꿈과 비전이 이뤄집니다.

또한 하나님의 특별한 뜻이 있어서 핍박을 허락하시는 경우가 있습니다. 예를 들면 주일을 지키기 힘든 유통업 및 요식업에 종사하는 우리 교회 빛과 소금 선교회가 그런 경우에 해당합니다. 신앙생활을 하기 힘든 환경 속에서 모이기를 힘쓰고 기도하는 빛과 소금 선교회 모임이 사람들에게 알려지자 주변에서 압력을 가했습니다. 그들이 잠을 줄여가며 철야 예배를 드리고 기도회 모임을 가지자 업무에 지장을 초래하지 않겠느냐는 염려 때문이었습니다. 또한 노조 활동이 아니냐는 의심도 받았지요. 그렇지만 빛과 소금 선교회 회원들은 더욱 열심히 일하고 기도에 힘쓰며 담대히 복음을 전했습니다.

그로 인해 한 사람씩 소형 지점이나 열악한 매장으로 인사 이동되는 불이익을 당하기도 하였지만 새로운 직장에서도 열심히 복음을 전함으로 오히려 빛과 소금 선교회 조직이 전국적으로 커지는 계기가 되었지요. 그 후 계속해서 그리스도의 향기를 내고 실적을 올리니 나중에는 회사에서도 인정받고 사랑받는 사원들이 되었습니다.

초대 예루살렘 교회도 마찬가지입니다. 예루살렘에 모여 있던 성도들이 심한 핍박으로 유대와 사마리아 전역으로 흩어졌기 때문에 복음이 널리 전파될 수 있었습니다. 하나님의 뜻이 여기에 있었습니다. 핍박을 잘 이겨 나가면 큰 그릇, 축복받는 그릇이 되고 더 크게 전도의 문이 열리는 것입니다. 사도 요한의 경우, 밧모 섬으로 유배되었지만 그것을 통해 하나님과 깊은 교통을 할 수 있었고 하나님의 계시를 받아 계시록을 기록할 수 있었습니다.

셋째로는, 자신의 실수나 잘못으로 받는 핍박이 있습니다. 예를 들어, 밤늦게까지 기도하다 집에 들어가지 않는 경우 믿지 않는 가족들로부터 핍박을 자초할 수 있습니다. 또 하나님을 사랑한다며 다른 일을 등한히 하거나 믿지 않는 가족을 잘 섬기지 못할 때, 언행이 일치하지 않으며 쉽게 약속을 어기고 세상 사람보다 못한 행동을 할 때에도 핍박을 받습니다. 이처럼 핍박을 자초하는 것에도 여러 이유가 있습니다. 그러므로 항상 자신을 살펴 지혜롭지 못하여 핍박받는 일이 없도록 해야 합니다.

⚜ 핍박에 대처하는 방법

핍박을 받는 사람은 왜 핍박을 받는지 깨우쳐 지혜롭게 행해야 합니다. 먼저 자신의 잘못으로 핍박이 온 경우에는 스스로를 개선해 나가야 합니다. 그러나 의를 위해 기도하고 금식하며 하나님 말씀대로 행했는데도 받는 핍박이라면 기뻐하고 감사하며 더 하나님을 의지하면 됩니다. 예수 그리스도를 영접한 다음에는 세상과 구별되게 살아야 하기 때문에 때로는 가족이나 친척과 불화할 수 있습니다. 이때 중요한 것은 하나님 말씀에 순종했느냐 하는 점입니다.

잠언 16장 7절에 "사람의 행위가 여호와를 기쁘시게 하면 그 사람의 원수라도 그로 더불어 화목하게 하시느니라" 말씀합니다. 다니엘은 아무 잘못 없이 핍박을 받아 사자 굴에 던져졌어도 하나님 앞에 감사 기도를 하였습니다. 다니엘의 세 친구 역시 우상에게 절하지 않았다는 이유로 풀무 불에 던져질 상황에서도 '하나님께서 자신들을 지켜 주실 것이며 그리 아니하실지라도 결단코 우상에 절하지 않겠다' 는 믿음의 고백을 하였습니다. 이처럼 오직 진리대로 행하니 하나님께서 지켜 주셨습니다.

많은 사람이 세상과 타협하기 때문에 응답받지 못합니다. 어떤 사람은 "하나님 말씀대로 기도하고 금식하고, 교회에 다닌 지 10년이 넘었는데도 왜 아직도 핍박을 받는 것일까요?" 라고 말합니다. 그것은 바로 마음에 악을 버리는 의를 이루지 못하고 앞서 말씀드린 믿음을 내보이지 못한 까닭입니다. 우리는 담대한 믿음을 내보여야 합니다. 하나님을 온전히 신뢰하고 참 믿음을 내보이면 하나님께서 축복하고 동행해 주십니다.

다음으로, 하나님께서 지혜를 주고자 핍박을 허락하신 경우에는 어떻게 해야 하겠습니까? 그런 경우에는 더욱 감사하고 기뻐하면 됩니다. 요동하지 않고 변치 않는 마음으로 기뻐하며 사명을 충성되게 감당하고 하나님 말씀대로 순종하면 되지요. 그리하면 하나님께서 깨우쳐 주시고 지혜를 주십니다. 아무리 어려운 환경을 만나도 영적 믿음을 가지고 하나님 말씀대로 행하면 원수 마귀 사단이 물러가고 문제가 해결됩니다.

또한 하나님의 일을 이루기 위하여 이런저런 분야에서 핍박을 받을 때에 힘들어하며 넘어지는 것이 아니라 오직 진리 가운데 화평해야 합니다. 하나님 나라를 위해 충성하는 자신을 심히 핍박하는 사람이 있을 때 혹여 서운하거나 미운 감정이 일지는 않는지요? 그러나 하나님은 어떻게 말씀하셨습니까.

"누구든지 네 오른편 뺨을 치거든 왼편도 돌려 대며 또 너를 송사하여 속옷을 가지고자 하는 자에게 겉옷까지도 가지게 하며 또 누구든지 너로 억지로 오 리를 가게 하거든 그 사람과 십 리를 동행하고"(마 5:39~41)

이렇게 낮은 마음으로 사랑하고 섬기며, 베풀고 은혜를 주는 사람이 되고, 악을 악으로 갚지 말고 선으로 축복하는 사람이 되어야 합니다. 로마서 12장 17절에 "아무에게도 악으로 악을 갚지 말고 모든 사람 앞에서 선한 일을 도모하라" 하셨습니다. 자신을 미워하고 시기하고 넘어뜨리는 사람을 미워하지 않고 오히려 축복하는 것이 의로운 마음이며, 믿음의 행함입니다. 그럴 때에 하나님께서 영광을 받으시고 그와 함께하는 것입니다.

예수님은 원수까지라도 사랑하고 용서하셨습니다. 자기를 십자가에 못 박은 사람들을 위하여 "아버지여 저희를 사하여 주옵소서 자기의 하는 것을 알지 못함이니이다"라고 기도하셨습니다. 이같이 선 가운데 상대를 용서할 수 있어야 참 믿음이라 할 수 있습니다. 그런 사람은 자기 감정에 치우치지 않고, 상대가 자신에게 악을 행하더라도 선으로 갚습니다.

마지막으로, 하나님께서 자신의 생각과 맞지 않는 길로 인도하는 것 같아도 아멘만 하는 순종이 있어야 합니다. 하나님께서 원하시는 대로 순종하면 좋은 결과를 얻게 하십니다. 또 현재는 심하게 핍박하는 사람이라 해도 변화되면 훌륭한 하나님의 자녀가 될 수 있으니 언제나 믿음과 선으로 바라보아야 합니다.

사도 바울도 원래 예수 믿는 사람들을 크게 핍박했습니다. 믿는 남녀를 결박하여 옥에 넘겼으며 모든 회당에서 여러 번 형벌하여 강제로 모독하는 말을 하게 했습니다. 심지어 다른 나라에까지 가서 믿는 사람들을 핍박하고자 했습니다. 그럼에도 그가 하나님의 긍휼을 입을 수 있었던 까닭은 예수가 누구인지 알지 못하고 행한 일이었기 때문입니다. 그런 바울이 예수 믿는 사람들을 잡아오려고 멀리 다메섹까지 가는 도중에 주님을 만나 회심합니다. “사울아 사울아 네가 어찌하여 나를 핍박하느냐 나는 네가 핍박하는 예수라” 하시는 주님의 음성을 들은 것입니다. 그 후 바울이라는 새 이름을 얻은 그는 백팔십도 완전히 바뀌었습니다. 이방인의 사도로서 수많은 핍박을 받으면서도 뜨겁게 복음을 전하고 끝내 순교에까지 이르렀습니다.

많은 믿음의 선진이 자기 생각에 맞지 않아도 오직 하나님 말씀에 순종했습니다. 아브라함이나 모세, 다니엘, 베드로는 신앙을 지키기 위해 목숨까지 버리는 믿음을 소유했고, 어떤 환경을 만나도 기뻐하고 감사하며 기도했습니다. 악을 행하는 사람에게도 선을 베풀었지요.

하나님은 그러한 믿음을 기뻐하며 은혜와 축복을 더하십니다. 그러니 핍박이 와도 기뻐해야 하며, 더구나 주님을 위하여 받는 핍박은 참으로 즐거워하고 기뻐할 일입니다. 하늘의 상이 크기 때문입니다. 자신의 잘못으로 핍박이 왔다면 즉시 회개하고 돌이키며, 하나님께서 연단하기 위해 또는 큰 그릇을 만들기 위해 주시는 핍박이 왔다면 기뻐하고 감사하며 항상 믿음으로 승리하는 삶을 영위해야 하겠습니다.

Chapter 6

욥의 행사

> 우스 땅에 욥이라 이름하는 사람이 있었는데 그 사람은 순전하고 정직하여 하나님을 경외하며 악에서 떠난 자더라 … 욥이 그들을 불러다가 성결케 하되 아침에 일어나서 그들의 명수대로 번제를 드렸으니 이는 욥이 말하기를 혹시 내 아들들이 죄를 범하여 마음으로 하나님을 배반하였을까 함이라 욥의 행사가 항상 이러하였더라 **욥기 1:1~5**

사람들 중에는 자신의 실수나 잘못이 드러나면 "사람이니까 당연히 그럴 수도 있지."라며 대수롭지 않게 넘기는 경우가 있습니다. 그러나 하나님께서는 "내가 온전하니 너희도 온전하라", "내가 거룩하니 너희도 거룩하라"고 말씀하십니다. 다이아몬드가 원석일 때에는 가치가 적은 돌에 불과하지만 갈고 다듬으면 찬란한 빛을 내는 보석이 되듯이 우리도 마찬가지입니다.

연단을 통해 하나님이 원하시는 의인으로 나오는 것입니다. 이런 의인에게는 하나님께서 응답과 축복으로 함께해 주십니다. 구약 성경에 나오는 욥이 연단을 받은 뒤에는 예전보다 하나님의 사랑과 축복을 갑절로 받았습니다. 그러면 욥의 신앙을 통해 어떻게 하면 하나님께서 기뻐하시는 의인이 되어 축복받을 수 있는지 살펴보고자 합니다.

⚜ 동방 사람 중에 가장 큰 자인 욥

욥은 순전하고 정직하며 하나님을 경외하고 악에서 떠난 사람이었습니다. 그는 "동방 사람 중에 가장 큰 자"(욥 1:3)라 할 만큼 재물이 많았습니다. 양이 칠천 마리, 약대(낙타)가 삼천 마리, 소가 오백 겨리, 암나귀 오백 마리가 있었습니다. 한 겨리는 두 마리를 의미하니 소만 해도 천 마리가 있었다는 말입니다. 양과 낙타는 그보다 몇 곱절 많았으니 참으로 많은 재산을 가진 사람이었습니다.

하나님께서는 욥의 어떤 면을 보고 "동방 사람 중에 가장 큰 자"라 하셨을까요? '큰 자'란 사람마다 관점이 달라 재물이 많고 바르게 쓸 줄 아는 사람 혹은 지식이 많으며 잘 활용할 줄 아는 사람을 말하거나 사랑과 덕이 많아 존경받는 사람을 가리키기도 합니다. 이처럼 사람들이 존경할 만하다고 인정하는 큰 자는 단지 눈에 드러난 업적만을 말하는 것이 아닙니다.

큰 자로 여길 수 있는 마음씀이나 됨됨이가 있어서 존경할 만한 기본 조건을 갖춘 사람을 말하지요. 마음 됨됨이가 좋은 사람은 시킨 일뿐만 아니라 그 이상의 많은 것을 포용력 있게 잘 감당합니다. 자신에게 맡겨진 일뿐만 아니라 두루 살필 수 있는 넓은 마음과 얼마나 정성을 다하느냐에 따라 마음 그릇의 크고 작은 정도에 차이가 납니다. 만일 마음 됨됨이가 부족하다면 이제부터라도 더 넓고 큰 마음으로 바꿔나가면 됩니다. 모든 분야에 열정을 가지고 자신을 희생하고 헌신하는 마음을 이루는 것이 마음 됨됨이를 좋게 하는 길입니다.

사람들이 욥을 얼마나 큰 자로 생각했는지 성경에 잘 나와 있습니다. "나를 보고 소년들은 숨으며 노인들은 일어나서 서며 방백들은 말을 참고 손으로 입을 가리우며 귀인들은 소리를 금하니 … 나는 소경의 눈도 되고 절뚝발이의 발도 되고 빈궁한 자의 아비도 되며 생소한 자의 일을 사실하여 주었으며 불의한 자의 어금니를 꺾고 그 잇 사이에서 겁탈한 물건을 빼어 내었었느니라"(욥 29:8~17)

"내가 언제 가난한 자의 소원을 막았던가 과부의 눈으로 실망케 하였던가 나만 홀로 식물을 먹고 고아에게 먹이지 아니하였던가 실상은 내가 젊었을 때부터 고아를 기르기를 그의 아비처럼 하였으며 … 나그네로 거리에서 자게 하지 아니하고 내가 행인에게 내 문을 열어 주었었노라"(욥 31:16~32)

욥은 불쌍하고 어려운 사람에게 아버지와 같은 역할을 했습니다. 큰 자로서 마음 씀씀이가 고왔음을 알 수 있습니다. 또한 자신의 모든 지혜와 지식으로 많은 사람에게 깨달음을 주고 그들과 함께 즐거워할 줄 안 사람입니다. 그리고 재물이 풍부하여 후히 베풀었으니 참으로 큰 자라 할 수 있지요.

그 밖에도 욥은 하나님께서 기뻐하실 만한 여러 모습을 가지고 있었습니다. 자녀들은 아무 생각 없이 먹고 마시며 행해도 욥만은 늘 하나님 앞에서 자신을 깨끗하게 지키기 위해 최선을 다한 것입니다. 그래서 잔칫날이 지나면 아침에 일어나 아들들을 부르고 그들의 수대로 번제를 드렸습니다. 혹시 그들이 잔치 중에 실수하여 죄를 지었을까 염려하였기 때문입니다. 하나님은 이러한 욥을 기뻐하고 순전하다 여기셨습니다. 더구나 욥은 하나님께서 자기의 모든 것, 곧 모든 자녀와 재산을 다 거두어 가셨어도 감사하였습니다.

"내가 모태에서 적신이 나왔사온즉 또한 적신이 그리로 돌아가올지라 주신 자도 여호와시요 취하신 자도 여호와시오니 여호와의 이름이 찬송을 받으실지니이다 하고 이 모든 일에 욥이 범죄하지 아니하고 하나님을 향하여 어리석게 원망하지 아니하니라"(욥 1:21~22)

⚜ 연단을 통하여 온전한 의인이 된 욥

욥은 자녀와 재물을 다 잃는 엄청난 일을 당했어도 하나님을 원망하는 어리석음을 범하지 않았습니다. 그런데 욥에게 계속하여 시험 환난이 다가왔습니다. 발바닥부터 정수리까지 악창이 난 것입니다. 욥이 비참한 모습으로 재 가운데 앉아 기와 조각으로 몸을 긁을 때에 아내마저도 그를 괴롭게 합니다. "당신이 그래도 자기의 순전을 굳게 지키느뇨 하나님을 욕하고 죽으라" 하였지요.

욥은 그런 아내를 나무라며 입술로 죄를 범하지 않았습니다. "그대의 말이 어리석은 여자 중 하나의 말 같도다 우리가 하나님께 복을 받았은즉 재앙도 받지 아니하겠느뇨" 물론 이것은 욥이 진리를 잘 모르고 한 말입니다. 성경에는 결코 하나님께 복을 받으면 재앙도 받아야 한다는 법이 없습니다. 오히려 하나님은 우리에게 축복만 주기 원하시지요. 우리가 범죄하기 때문에 지켜 줄 수 없고 외면하는 것입니다. 그러면 이내 원수 마귀 사단이 역사하여 죄의 경중에 따라 시험 환난이나 재앙이 따르게 됩니다.

아내가 욥을 어리석다 비웃으며 저주해도 욥은 하나님 앞에서 자신을 지켰습니다. 그런데 이처럼 순전하다 인정받은 욥도 하나님께서 허락하신 시험 앞에서 통과하지 못한 것이 있습니다. 바로 "나는 의롭고 진실했으며 참되게 하나님을 경외했는데 왜 이런 고통을 주고 멸시받게 하시는가?" 생각한 것입니다. 모든 재산과 자녀를 잃고도 감사했던 그는 시련이 계속되자 하나님께 대한 신뢰가 무너졌습니다.

하나님은 욥에게 진정 원하시는 것이 있었습니다. 바로 변함없이 진실하며 악이 없는 온전한 마음입니다. 욥을 그러한 모습으로 만들기 위해 하나님께서는 연단을 허락하셨습니다. 정녕 욥이 하나님 앞에 진실한지, 하나님을 끝까지 믿는지, 어떤 상황에서도 하나님께 대한 마음이 변하지 않는지 보고자 하신 것입니다.

결과는 어떠했습니까? 욥은 나름대로 의로운 사람이었지만 계속되는 시험 앞에 인내할 수 있는 한계를 넘자 마침내 깊이 감춰진 악이 드러나기 시작합니다. 처음에는 태어날 때의 자연 환경을 원망하고 자기를 낳아 준 부모를 원망하다가 나중에는 "나의 의를 빼앗으신 하나님, 나의 영혼을 괴롭게 하신 전능자"(욥 27:2)라며 하나님까지 원망했습니다. 결국 자기는 의인이고 하나님은 의롭지 않다는 결론에 도달했습니다.

하나님께서는 욥의 좋은 중심을 아십니다. 거기에 한 가지만 더 온전해지면 당대의 의인 중에 의인이 되기에 부족함이 없을 것을 아셨습니다. 행함으로는 누구보다 온전했지만 마음 깊이 남아 있던 악의 모양까지도 발견하여 벗어 버리고 성결을 이룰 때에야 진정한 의인으로 나올 수 있기 때문입니다. 그래서 하나님은 사단이 송사할 때 욥을 시험하도록 허락하고 그것을 통해 악을 버리고 더욱 영적으로 들어오게 하십니다.

이 말씀에서 무엇을 깨달을 수 있습니까? 사람이 참된 의인으로 인정받기 위해서는 욥에게 있었던 것과 같은 시험을 통과할 수 있어야 합니다. 그렇다 해서 '하나님이 나에게 그런 시험을 주시면 어떡하나?' 염려할 필요는 없습니다. 아무에게나 그런 시험을 주시는 것이 아닙니다. 마음 그릇을 보고 감당할 수 있는 사람에게 주시지요(고전 10:13). 욥도 시험을 감당할 수 있음을 아시기 때문에 허락한 것입니다. 결국 욥은 자신도 몰랐던 마음속 깊이 숨겨져 있던 악을 발견하고 회개하여 참된 의인이 되었습니다. 이렇게 시험을 통과하여 더 좋은 그릇이 되자 하나님께서는 더 큰 축복으로 갚아 주셨습니다.

진실한 사람을 찾아 축복하시는 하나님

하나님께서는 진실하며 하나님을 온전히 신뢰하는 사람을 찾으십니다. 그런 사람을 발견하면 존귀한 사람으로 높여 주시고 영화로운 관을 씌워 주십니다. 그러므로 욥처럼 의로운 사람이 되어 자기의 행사를 돌아보아 항상 하나님 앞에 깨끗해야 하겠습니다. 여기서 행사란 '습관을 좇아 행하는 행함'을 의미합니다. 길을 걷든지 무엇을 계획하거나 무슨 일을 하든지 하나님 앞에서 온전해야 하는 것입니다.

만일 우리가 욥처럼 어려운 일에 부딪혔다면 끝까지 하나님 앞에 원망하지 않고 의롭게 행할 수 있을까요? 하나님께서는 어려움이 와도 끝까지 감사할 수 있는 진실한 사람을 찾으십니다. 자기의 모든 것, 심지어 목숨을 잃는다 해도 하나님을 신뢰할 수 있는 진실한 신앙을 갖기 원하시지요.

이러한 의인을 만들기 위해 하나님은 욥에게 연단을 허락하셨습니다. 그래서 욥은 악의 모양까지도 벗어 버린 온전한 의인으로서 어떤 상황에도 하나님을 백 퍼센트 신뢰할 수 있는 깊은 영적 단계로 들어가 예전보다 갑절이나 축복을 받았습니다. 가난한 사람이 갑절의 축복을 받으면 얼마 되지 않지만, 재벌 총수가 갑절의 축복을 받았다면 어떻겠습니까? 연단을 받기 전에도 욥은 동방에서 가장 거부였으니 그것의 갑절이라면 엄청난 축복을 받은 것입니다.

우리가 하나님께 축복을 받기 위해서는 무엇보다 합당한 중심이 되어야 합니다. 그러한 마음만 되면 하나님께서는 우리가 원하는 대로 풍성하게 채워 주십니다. 따라서 축복을 받지 못한다면 하나님께서 주시지 않는 것이 아니라 우리 편에 문제가 있기 때문입니다. 무엇보다 중요한 것은 불평, 원망, 탄식, 슬픔, 염려 등 하나님께서 기뻐하시지 않는 악의 모양들을 버리는 일입니다.

죄를 모두 버리고 하나님께서 보실 때 진정 의로운 마음이 되면 말할 수 없는 기쁨이 오고 놀라운 하나님의 축복이 임합니다. 흠도 티도 없는 영의 마음으로 기도하면 그 기도가 하나님께 상달되어 신속하게 응답과 축복이 주어지는 것입니다. 욥처럼 순전하고 정직하며 악에서 떠난 진정한 의인이 되어 살아 계신 하나님을 항상 만나고 체험할 수 있어야 하겠습니다.

Chapter 7

율법을 행하는 자

하나님 앞에서는 율법을 듣는 자가 의인이
아니요 오직 율법을 행하는 자라야 의롭다
하심을 얻으리니 **로마서 2:13**

자녀를 낳아 길러 보면 어떤 자녀는 어머니와 아버지를 반반씩 닮아 나옵니다. 또 어떤 자녀는 아버지를 주로 닮고 어떤 자녀는 어머니를 주로 닮습니다. 부모보다 할머니, 할아버지를 닮은 경우도 있습니다. 외모만이 아니라 성격이나 걸음걸이, 습관까지 꼭 닮기도 합니다. 만일 부모가 조급한 성격이라면 자녀도 조급하기 쉽고, 폭력적이라면 그 성향을 물려받게 되지요. 또 부모가 유난히 시기 질투가 많은 성격이라면 자녀도 시기 질투가 많게 마련입니다.

이렇게 타고난 성격은 사람마다 다르며 쉽게 고쳐지지 않습니다. 도덕적인 가르침이나 성현의 교훈을 통해 마음을 쉽게 변화시킬 수 있다면 시간이 갈수록 점점 밝고 살기 좋은 세상이 되어야 하겠지만 현실은 그렇지 않지요. 따라서 우리가 근본적으로 변화되기 위해서는 부모로부터 물려받은 타고난 기질, 죄의 속성까지도 버려야 합니다.

저마다 다르게 타고난 마음 중심

조선시대의 폭군으로 유명한 연산군의 어머니는 아름답고 재주가 뛰어났으나 지나치게 질투심이 강한 여인이었습니다. 이런 어머니의 영향으로 연산군은 어릴 때 총명한 듯했으나 성장하면서 차츰 시기심이 많고 포악한 성격이 드러납니다. 아버지인 성종은 틈만 나면 그를 가르치며 선도를 게을리하지 않았습니다. 당시 학문과 명망이 높은 스승들도 심혈을 기울여 지도했지만 본디 글 읽기를 싫어하고 괴팍하니 보람이 없었습니다.

왕위에 올라 원하는 대로 할 수 있게 되자 연산군은 술과 여자를 즐기며 전국의 미희들을 불러들이는 등 악행을 일삼았습니다. 좋은 가문에서 태어나 훌륭한 스승 아래 교육을 받았지만 부모로부터 물려받은 기로 인하여 악을 행한 것입니다.

반면에 다니엘의 세 친구는 선한 중심을 가졌기에 하나님을 섬기기 힘든 포로의 신분이면서도 조상에게서 물려받은 하나님 섬기는 일을 게을리하지 않았습니다. 바벨론에 포로로 잡혀 간 처지인데도 하나님이 금하신 가증한 음식을 먹지 않았으며 죽음의 위협 앞에서도 우상에 절하지 않는 등 하나님 말씀대로 살았습니다. 그러니 하나님께서 보호해 주시고 그 나라의 중책을 맡게 하셨습니다.

이처럼 사람마다 차이가 나는 이유 중 하나가 바로 타고난 마음 중심이 다르기 때문입니다. 사람의 마음에는 부모와 조상에게 물려받은 기 속의 악과 자라면서 만들어진 모든 것이 다 포함되어 있습니다. 중심이란 마음이 굳어진 것으로서 중심에 따라 선을 추구하는 정도가 달라집니다. 그런데 비록 태어날 때 좋지 않은 기질을 물려받았다 해도 계속 좋은 것을 배우고 입력하면 결국은 좋은 마음으로 변화될 수 있습니다.

물론 타고난 기질과 성품이 좋은 사람보다는 변화되기 쉽지 않겠지만 성결되기 위해 기도하고 금식하면 하나님께서 도와주십니다. 어떤 경우라 해도 하나님 능력으로는 못할 것이 없습니다. 주님을 믿기 전에는 시기, 질투, 미움, 혈기 등 악한 마음이 많았다 해도 주님을 만나 하나님 말씀대로 살면 얼마든지 변화되는 것입니다.

⚜ 마음의 의를 이루어야 진정한 의인

어떤 사람은 "죄를 버리는 것이 힘들다. 진리의 말씀을 어떻게 다 지킬 수 있는가?"라고 말합니다. 그러나 하나님은 죄를 버리고 의인이 되어야 할 것을 무수히 말씀하십니다. 히브리서 12장 4절에는 죄를 피 흘리기까지 싸워 버려야 할 것을 알려 주셨습니다. 죄를 다 벗어 버리고 마음 중심을 온전히 진리로 일구어야 참된 의인이 될 수 있기 때문입니다.

하나님께서는 오직 진리인 하나님 말씀대로 행하는 사람을 원하십니다. 그래서 각 사람을 온전케 만들기 위해 연단하십니다. 연단을 통하여 악을 버리면 정금 같은 믿음을 소유한 선진들처럼 존귀한 사람이 될 수 있습니다. 따라서 연단은 축복이요, 감사할 일이며, 값진 것임을 깨닫는다면 범사에 감사할 수밖에 없습니다.

우리가 마음의 의를 이룰 때에 그것이 행함으로 나옵니다. 모세는 본디 자기 의가 강한 사람이었습니다. 그러나 40년의 연단을 거치면서 자기 의가 철저히 깨져 하나님께서 쓰실 수 있는 그릇으로 변화되었습니다. 악한 백성을 대신하여 생명을 담보로 그들의 죄를 용서해 주기를 간절히 기도할 정도였지요. 민수기 12장 3절을 보면 이러한 모세에 대해 온유함이 지면의 모든 사람보다 승하다 했습니다. 죄를 범한 백성을 구원하기 위해 자기 이름을 생명책에서 지워 달라고까지 하는 모세의 아름다운 마음을 무엇으로 살 수 있겠습니까? 금으로도 살 수 없는 참으로 귀한 마음입니다.

이런 중심은 단순히 말씀을 듣는다 하여 만들어지는 것이 아닙니다. 하나님 말씀을 통해 자신을 발견하고 마음 중심에 있는 악을 빼냄으로 마음의 의를 이루어야 합니다. 즉 율법을 들어서 아는 데 그치는 것이 아니라 그것을 행함으로 나타낼 때 진정한 의인이 됩니다. 오직 진리대로 행하는 것이 의인이 된 증거이지요.

온전한 행함에 따르는 축복

행함에는 크게 두 가지 단계가 있습니다. 첫째는 진리의 말씀을 알므로 순종하는 단계입니다. 즉 '기도하라' 했으니 기도하고 '안식일을 거룩히 지키라' 했으니 지키는 것입니다. 둘째는 진리의 말씀을 마음에 온전히 이루어 행하는 단계입니다. 곧 온전한 행함의 단계이지요. 어쩔 수 없이 하는 것이 아니라 하나님을 사랑하기 때문에 기쁨으로 행하는 것을 온전한 행함이라 말합니다. 그러면 어떻게 해야 온전한 행함의 단계로 들어갈 수 있을까요?

하나님 말씀에는 '하지 말라, 버리라' 하신 것이 있습니다. 예를 들어, 미워하지 말라, 시기하지 말라, 도적질하지 말라, 간음하지 말라, 죄를 버리라, 악은 모양이라도 버리라 등입니다. 이렇게 하지 말라, 버리라 하신 것을 하지 않고 버리면 옥토와 같은 좋은 마음이 됩니다.

마태복음 13장에서 예수님은 사람의 마음을 길가밭, 돌밭, 가시떨기밭, 옥토 등 네 종류의 밭으로 비유해서 설명하십니다. 옥토 곧 좋은 밭은 씨를 심으면 싹이 나고 잘 자라서 30배, 60배, 100배로 결실하는 밭입니다. 우리가 하지 말라, 버리라 하신 말씀에 순종하여 미움이나 시기 질투와 같은 악이 없는 마음을 만들면 좋은 밭이 됩니다.

좋은 마음 밭을 만들었으면 이제 하나님 말씀을 심어야 합니다. 그럴 때 믿음이 자라 많은 열매를 거두게 됩니다. 심는 것에는 '하라, 지키라' 하신 것이 있습니다. 먼저 '하라' 하신 말씀에는 기도하라,

사랑하라, 용서하라, 이해하라 등이 있습니다. 이에 순종하여 상대를 용서할 때 마음이 얼마나 기쁜지요. 또한 범사에 감사해 보시기 바랍니다. 감사한 일에는 물론, 감사치 못할 일에도 감사하고 이래도 감사, 저래도 감사하는 것입니다. 이렇게 범사에 감사하면 감사의 조건이 늘어나고 결국 모든 것이 감사의 조건으로 바뀝니다.

'지키라' 하신 것에는 안식일을 거룩하게 지키라, 계명을 지키라 등이 있습니다. 이러한 말씀은 우리에게 유익하므로 주신 것입니다. 교통법규를 잘 지키면 법의 제재를 받지 않을 뿐만 아니라 오히려 보호를 받을 수 있듯이 우리가 하나님 말씀을 지키면 원수 마귀 사단이 송사할 수 없으므로 시험 환난이나 질병이 오지 않습니다. 하나님께서 불꽃 같은 눈동자와 천군천사로 지켜 주시니 어려움을 당하지 않는 것입니다.

이처럼 하나님께서 '하지 말라, 버리라, 하라, 지키라' 하신 말씀을 지켜 행하면 마음이 진리로 온전해집니다. 비록 처음에는 의무감 속에 행했다 해도 마음의 악이 버려지는 만큼 차츰 기쁨으로 순종하게 되고 그럴 때 마음이 진리로 온전해집니다. 그것이 영혼이 잘되어 주님의 마음을 닮는 것이며, 잃었던 하나님의 형상을 찾는 것입니다.

진리로 마음이 바뀌면 온전한 행함이 나옵니다. 누가 '사랑하라' 하니 사랑하는 것이 아닙니다. 마음 안에 미움이 없고 사랑만이 가득하므로 누구에게나 영적 사랑이 가는 것입니다. 하나님께서는 이렇게 진리의 말씀을 내 안에 온전히 이루어 행하는 것을 기뻐하십니다. 억지로 하는 것이 아니라 우러나는 맘으로, 기쁨과 감사로 행해야 하지요. 그런 행함을 내보여야 하나님을 정녕 사랑한다 할 수 있습니다.

요한일서 3장 21~22절에 "사랑하는 자들아 만일 우리 마음이 우리를 책망할 것이 없으면 하나님 앞에서 담대함을 얻고 무엇이든지 구하는 바를 그에게 받나니 이는 우리가 그의 계명들을 지키고 그 앞에서 기뻐하시는 것을 행함이라" 하셨습니다. 하나님 말씀대로 온전히 행하면 스스로 자신을 책망할 것이 없으므로 하나님 앞에 담대함을 얻고 무엇이든 구하는 것을 응답받는다는 말씀입니다. 질병이나 가정의 화목, 가정 복음화를 비롯한 그 어떤 문제라도 응답받는 것입니다.

⚜ 율법을 행하는 자가 의인

야고보서 2장 21~22절에 "우리 조상 아브라함이 그 아들 이삭을 제단에 드릴 때에 행함으로 의롭다 하심을 받은 것이 아니냐 네가 보거니와 믿음이 그의 행함과 함께 일하고 행함으로 믿음이 온전케 되었느니라" 말씀합니다. 바로 하나님 말씀대로 행하는 것이 참 믿음이요, 의입니다. 하나님께서 우리의 아버지시라는 것을 믿는다면 그분의 가르침을 좇아 어둠에서 빛 가운데로 나오며, 잃었던 하나님 형상을 찾아 참자녀가 되어야 합니다.

믿음은 행함과 함께 일한다 하신 대로 우리가 행할 때에 마음에 믿어지는 영적 믿음이 오며 이 영적 믿음이 있을 때에 하나님의 역사가 나타납니다. 12년 동안 혈루증을 앓던 여인이 믿음으로 예수님 옷자락을 만지니 나았습니다. 모세가 지팡이 든 손을 내어미니 홍해가 갈라졌고, 이스라엘 백성이 여리고 성 주위를 순종하여 돌고 외치자 무너졌습니다. 해와 달도 멈추게 하시는 하나님께서 무엇인들 못 하시겠습니까?

그러면 똑같이 하나님 말씀을 들었는데도 사람마다 믿음의 차이가 나는 이유는 무엇일까요? 어떤 시험이 왔을 때에 왜 누구는 믿음을 내보여 하나님께 영광 돌리는데, 누구는 그러지 못하는 것일까요? 바로 행함이 있는 믿음인가, 아닌가의 차이 때문입니다. 참으로 믿는다면 행함이 따르고 그 행함으로 믿음이 온전케 되어 무엇이나 응답이 오는 것입니다.

요한일서 1장 5~7절에 "우리가 저에게서 듣고 너희에게 전하는 소식이 이것이니 곧 하나님은 빛이시라 그에게는 어두움이 조금도 없으시니라 만일 우리가 하나님과 사귐이 있다 하고 어두운 가운데 행하면 거짓말을 하고 진리를 행치 아니함이거니와 저가 빛 가운데 계신 것같이 우리도 빛 가운데 행하면 우리가 서로 사귐이 있고 그 아들 예수의 피가 우리를 모든 죄에서 깨끗하게 하실 것이요" 했습니다.

하나님은 빛이시니 어둠이 조금도 없습니다. 죄와 불의, 불법이 조금도 없으시지요. 우리가 '하나님을 믿습니다' 하면서 어둠 가운데 행하면 거짓말하는 것이라 말씀합니다. 하나님께서 빛 가운데 계시니 우리도 빛 가운데 행해야 하나님을 믿는다 할 수 있고 아바 아버지라 부를 수 있습니다. 그럴 때에 예수님께서 십자가에서 흘린 보혈이 우리를 모든 죄에서 깨끗하게 하시는 것입니다.

만약 계명을 지키지 않고 여전히 도둑질하고 거짓말하며, 미워하고 간음하고 여러 죄악 가운데 살면서 "나는 하나님을 압니다. 주님을 압니다." 한다면 거짓말하는 사람이라는 뜻입니다. 또한 진리가 그 속에 있지 않은 것입니다. 하나님 말씀을 지킬 때에 우리가 주님 안에 있고 주님이 우리 안에 계셔서 하나를 이룹니다. 따라서 하나님 말씀을 듣는 사람이 의인이 아니라, 지키는 사람이 의인입니다. 그러므로 우리는 하나님 말씀을 들어 알았으면 반드시 지키고 행해야 합니다.

"그날에 많은 사람이 나더러 이르되 주여 주여 우리가 주의 이름으로 선지자 노릇하며 주의 이름으로 귀신을 쫓아내며 주의 이름으로 많은 권능을 행치 아니하였나이까 하리니 그때에 내가 저희에게 밝히 말하되 내가 너희를 도무지 알지 못하니 불법을 행하는 자들아 내게서 떠나가라 하리라"(마 7:22~23)

이처럼 하나님 말씀대로 살지 않으면 구원받을 수 없으니 우리는 구원의 기준을 바로 알아야 합니다. 로마서 10장 13절을 보면 "누구든지 주의 이름을 부르는 자는 구원을 얻으리라" 말씀합니다. 그런데 마태복음 7장 21절에는 "주여 주여 하는 자마다 천국에 다 들어

갈 것이 아니요 다만 하늘에 계신 내 아버지의 뜻대로 행하는 자라야 들어가리라" 했습니다. 이러한 하나님 말씀들이 함께 짝을 이루어야 구원에 대한 하나님의 온전한 뜻을 깨달을 수 있습니다.

로마서 10장 9절에 "네가 만일 네 입으로 예수를 주로 시인하며 또 하나님께서 그를 죽은 자 가운데서 살리신 것을 네 마음에 믿으면 구원을 얻으리니" 했습니다. 즉 예수를 주로 시인할 뿐 아니라 부활하심을 마음에 믿어야 구원에 이른다는 것입니다. 들어서 알기만 하는 지식적 믿음이 아니라 마음에 의심하지 않고 믿는 영적 믿음을 소유해야 합니다.

이어 로마서 10장 10절에는 "사람이 마음으로 믿어 의에 이르고 입으로 시인하여 구원에 이르느니라" 말씀하고 있습니다. 진정으로 마음에 믿는 사람은 당연히 행함이 따르기 때문에 의인이 됩니다. 이러한 사람이 입술로 시인하여 구원에 이른다 했으니 마음에 믿고 행하면서 입술로 시인하는 것이 참 신앙이요, 그럴 때 구원받을 수 있는 것입니다.

반면에 마음에 믿지 않고 머리로만 아는 사람은 행함이 따르지 않습니다. 주님을 믿으면서도 여전히 거짓말하고 혈기 내고 간음하고 판단하고 수군거립니다. 또한 예수님께서 "원수도 사랑하라" 하셨는데 원수도 아닌 형제를 미워하고 감정을 품습니다. 하지만 정녕 예수 그리스도를 믿고 천국을 믿으며 하나님의 거룩하심을 믿는 성도는 빛 가운데 살기 위해 열심히 기도하며 나아갑니다. 그것이 참 믿음입니다.

하나님께서는 모든 사람이 믿음으로 새사람이 되어 구원에 이르기를 원하십니다. 로마서 2장 13절에 "하나님 앞에서는 율법을 듣는 자가 의인이 아니요 오직 율법을 행하는 자라야 의롭다 하심을 얻으리니" 하셨으니 율법을 행하는 의인이 되어 구원에 이르는 것은 물론 세상의 빛과 소금이 되어 하나님을 기쁘시게 해야 하겠습니다.

시편을 통해 살펴본 <의인의 축복>

시편 5:12 여호와여 주는 의인에게 복을 주시고
방패로 함같이 은혜로 저를 호위하시리이다

시편 34:15 여호와의 눈은 의인을 향하시고 그 귀는
저희 부르짖음에 기울이시는도다

시편 34:17 의인이 외치매 여호와께서 들으시고
저희의 모든 환난에서 건지셨도다

시편 37:16 의인의 적은 소유가 많은 악인의 풍부함보다 승하도다

시편 37:17 악인의 팔은 부러지나 의인은 여호와께서 붙드시는도다

시편 37:25 내가 어려서부터 늙기까지 의인이 버림을 당하거나
그 자손이 걸식함을 보지 못하였도다

시편 37:29 의인이 땅을 차지함이여 거기 영영히 거하리로다

시편 37:30 의인의 입은 지혜를 말하고 그 혀는 공의를 이르며

시편 37:39 의인의 구원은 여호와께 있으니 그는 환난 때에
저희 산성이시로다

시편 72:7 저의 날에 의인이 흥왕하여 평강의 풍성함이
달이 다할 때까지 이르리로다

시편 75:10 또 악인의 뿔을 다 베고 의인의 뿔은 높이 들리로다

시편 92:12 의인은 종려나무같이 번성하며 레바논의
백향목같이 발육하리로다

시편 97:11 의인을 위하여 빛을 뿌리고 마음이 정직한 자를 위하여
기쁨을 뿌렸도다

시편 112:6 저가 영영히 요동치 아니함이여
의인은 영원히 기념하게 되리로다

에스겔서에 나타난 <의인의 범죄>

구약 시대에는 행위로 범죄하지 않으면 의인이라 인정해 주셨다. 하지만 마음의 성결을 이룬 진정한 의인이 아니기에 에스겔 선지자는 의인의 범죄에 대해 경고하고 있다.

에스겔 3:20~21 "또 의인이 그 의에서 돌이켜 악을 행할 때에는 이미 행한 그 의는 기억할 바 아니라 내가 그 앞에 거치는 것을 두면 그가 죽을지니 이는 네가 그를 깨우치지 않음이라 그가 그 죄 중에서 죽으려니와 그 피 값은 내가 네 손에서 찾으리라 그러나 네가 그 의인을 깨우쳐 범죄치 않게 하므로 그가 범죄치 아니하면 정녕 살리니 이는 깨우침을 받음이며 너도 네 영혼을 보존하리라"

에스겔 18:20~24 "범죄하는 그 영혼은 죽을지라 아들은 아비의 죄악을 담당치 아니할 것이요 아비는 아들의 죄악을 담당치 아니하리니 의인의 의도 자기에게로 돌아가고 악인의 악도 자기에게로 돌아가리라 … 만일 의인이 돌이켜 그 의에서 떠나서 범죄하고 악인의 행하는 모든 가증한 일대로 행하면 살겠느냐 그 행한 의로운 일은 하나도 기억함이 되지 아니하리니 그가 그 범한 허물과 그 지은 죄로 인하여 죽으리라"

에스겔 33:12~13 "인자야 너는 네 민족에게 이르기를 의인이 범죄하는 날에는 그 의가 구원치 못할 것이요 악인이 돌이켜 그 악에서 떠나는 날에는 그 악이 그를 엎드러뜨리지 못할 것인즉 의인이 범죄하는 날에는 그 의로 인하여는 살지 못하리라 가령 내가 의인에게 말하기를 너는 살리라 하였다 하자 그가 그 의를 스스로 믿고 죄악을 행하면 그 모든 의로운 행위가 하나도 기억되지 아니하리니 그가 그 지은 죄악 중 곧 그 중에서 죽으리라"

잠언을 통해 살펴본 <의인의 열매와 악인의 열매>

잠언 3:33 악인의 집에는 여호와의 저주가 있거니와 의인의 집에는 복이 있느니라
잠언 10:6 의인의 머리에는 복이 임하거늘 악인의 입은 독을 머금었느니라
잠언 10:16 의인의 수고는 생명에 이르고 악인의 소득은 죄에 이르느니라
잠언 10:20 의인의 혀는 천은과 같거니와 악인의 마음은 가치가 적으니라
잠언 10:24 악인에게는 그의 두려워하는 것이 임하거니와 의인은 그 원하는 것이 이루어지느니라
잠언 10:25 회리바람이 지나가면 악인은 없어져도 의인은 영원한 기초 같으니라
잠언 10:28 의인의 소망은 즐거움을 이루어도 악인의 소망은 끊어지느니라
잠언 10:32 의인의 입술은 기쁘게 할 것을 알거늘 악인의 입은 패역을 말하느니라
잠언 11:8 의인은 환난에서 구원을 얻고 악인은 와서 그를 대신하느니라
잠언 11:9 사특한 자는 입으로 그 이웃을 망하게 하여도 의인은 그 지식으로 말미암아 구원을 얻느니라
잠언 11:10 의인이 형통하면 성읍이 즐거워하고 악인이 패망하면 기뻐 외치느니라
잠언 11:21 악인은 피차 손을 잡을지라도 벌을 면치 못할 것이나 의인의 자손은 구원을 얻으리라
잠언 11:23 의인의 소원은 오직 선하나 악인의 소망은 진노를 이루느니라
잠언 11:30 의인의 열매는 생명나무라 지혜로운 자는 사람을 얻느니라
잠언 12:5 의인의 생각은 공직하여도 악인의 도모는 궤휼이니라
잠언 12:7 악인은 엎드러져서 소멸되려니와 의인의 집은 서 있으리라
잠언 12:10 의인은 그 육축의 생명을 돌아보나 악인의 긍휼은 잔인이니라
잠언 12:12 악인은 불의의 이를 탐하나 의인은 그 뿌리로 말미암아 결실하느니라

잠언 12:13 악인은 입술의 허물로 인하여 그물에 걸려도
의인은 환난에서 벗어나느니라

잠언 12:21 의인에게는 아무 재앙도 임하지 아니하려니와
악인에게는 앙화가 가득하리라

잠언 12:26 의인은 그 이웃의 인도자가 되나
악인의 소행은 자기를 미혹하게 하느니라

잠언 13:9 의인의 빛은 환하게 빛나고 악인의 등불은 꺼지느니라

잠언 13:25 의인은 포식하여도 악인의 배는 주리느니라

잠언 14:19 악인은 선인 앞에 엎드리고 불의자는 의인의 문에 엎드리느니라

잠언 14:32 악인은 그 환난에 엎드러져도 의인은 그 죽음에도 소망이 있느니라

잠언 15:6 의인의 집에는 많은 보물이 있어도 악인의 소득은 고통이 되느니라

잠언 15:28 의인의 마음은 대답할 말을 깊이 생각하여도
악인의 입은 악을 쏟느니라

잠언 15:29 여호와는 악인을 멀리하시고 의인의 기도를 들으시느니라

잠언 21:26 어떤 자는 종일토록 탐하기만 하나
의인은 아끼지 아니하고 시제하느니라

잠언 24:16 대저 의인은 일곱 번 넘어질지라도 다시 일어나려니와
악인은 재앙으로 인하여 엎드러지느니라

잠언 28:1 악인은 쫓아오는 자가 없어도 도망하나 의인은 사자같이 담대하니라

잠언 28:12 의인이 득의하면 큰 영화가 있고 악인이 일어나면 사람이 숨느니라

잠언 29:2 의인이 많아지면 백성이 즐거워하고
악인이 권세를 잡으면 백성이 탄식하느니라

믿음
Faith

네가 보거니와 믿음이 그의 행함과 함께 일하고
행함으로 믿음이 온전케 되었느니라 **약 2:22**

로마서 5:1 그러므로 우리가 믿음으로 의롭다 하심을 얻었은즉 우리 주 예수 그리스도로 말미암아 하나님으로 더불어 화평을 누리자

갈라디아서 3:14 이는 그리스도 예수 안에서 아브라함의 복이 이방인에게 미치게 하고 또 우리로 하여금 믿음으로 말미암아 성령의 약속을 받게 하려 함이니라

갈라디아서 3:26 너희가 다 믿음으로 말미암아 그리스도 예수 안에서 하나님의 아들이 되었으니

빌립보서 3:9 내가 가진 의는 율법에서 난 것이 아니요 오직 그리스도를 믿음으로 말미암은 것이니 곧 믿음으로 하나님께로서 난 의라

에베소서 3:12 우리가 그 안에서 그를 믿음으로 말미암아 담대함과 하나님께 당당히 나아감을 얻느니라

야고보서 2:26 영혼 없는 몸이 죽은 것같이 행함이 없는 믿음은 죽은 것이니라

요한일서 5:4 대저 하나님께로서 난 자마다 세상을 이기느니라 세상을 이긴 이김은 이것이니 우리의 믿음이니라

Chapter 8

일천 번제의 정성

이에 왕이 제사하러 기브온으로 가니 거기는 산당이 큼이라 솔로몬이 그 단에 일천 번제를 드렸더니 기브온에서 밤에 여호와께서 솔로몬의 꿈에 나타나시니라 하나님이 이르시되 내가 네게 무엇을 줄꼬 너는 구하라 솔로몬이 가로되 … 누가 주의 이 많은 백성을 재판할 수 있사오리이까 지혜로운 마음을 종에게 주사 주의 백성을 재판하여 선악을 분별하게 하옵소서 … 하나님이 저에게 이르시되 … 지혜를 구하였은즉 내가 네 말대로 하여 네게 지혜롭고 총명한 마음을 주노니 너의 전에도 너와 같은 자가 없었거니와 너의 후에도 너와 같은 자가 일어남이 없으리라 **열왕기상 3:4~12**

'지성이면 감천'이라는 말이 있습니다. 지극한 정성에는 하늘도 감동한다는 뜻으로 정성이 얼마나 중요한지 알게 하는 말입니다. 한편으로는 무엇이든 정성을 다한다면 뜻을 이루게 됨을 나타냅니다.

⚜ 하늘을 감동시키는 지극한 정성

중세 말기 프랑스와 영국의 백년 전쟁은 오랜 기간 계속 되었습니다. 영국은 프랑스를 정복하여 하나의 왕국으로 만들기 위해 더욱 공격을 퍼부었습니다. 프랑스 안에서는 영국과 손을 잡으려는 부르고뉴파와 국왕의 아들인 샤를 황태자를 지지하는 오를레앙파로 나뉘어 싸우고 있었습니다. 부르고뉴파는 영국과 조약을 맺어 프랑스의 왕위를 영국의 국왕 헨리 5세에게 넘겨 버렸습니다.

그런데 헨리 5세가 갑작스레 세상을 떠나자, 갓난아기인 그의 아들 헨리 6세가 영국과 프랑스의 국왕을 겸하게 되었습니다. 오를레앙파는 이 틈을 타서 부르고뉴파와 영국의 조약을 무효라 선언하고, 정통성을 가진 샤를 황태자를 왕위에 앉히기 위한 싸움을 시작하였습니다. 그러나 거듭된 패배로 프랑스는 위험한 상황으로 몰리게 되고, 이때 프랑스를 위기에서 구할 소녀가 기적적으로 나타납니다. 바로 잔 다르크입니다.

잔 다르크는 프랑스 동레미 마을 한 농가에서 태어났습니다. 독실한 가톨릭 가정에서 태어난 잔 다르크는 깊은 신앙심을 가진 소녀였습니다. 잔 다르크는 프랑스가 전쟁에서 승리하여 샤를 황태자가 지위를 회복할 수 있도록 열심히 기도했습니다. 그녀는 17살이 되던 해의 어느 날, 기도 중에 "황태자를 도와 프랑스를 위기에서 구하라!"는 음성을 듣게 되었습니다. 나라를 구하겠다는 일념으로 고향을 떠난 그녀는 샤를 황태자에게 요청하여 군사를 받은 후 선두에서 군대를 이끌었습니다. 용감하게 앞장 선 잔 다르크의 모습에 군사들은 힘을 내 각지에서 영국군을 물리칠 수 있었습니다.

마침내 영국군을 몰아내는 데 성공한 샤를 황태자는 샤를 7세로 즉위하였지만 큰 공을 세운 잔 다르크는 안타깝게도 부르고뉴파에 의해 영국군에게 넘겨졌습니다. 잔 다르크는 종교 재판에 처해지고 마녀로 낙인찍혀, 19살의 나이로 화형에 처해졌습니다. "나는 하나님의 계시로 나의 조국 프랑스를 위해 싸웠을 뿐이오!" 끝까지 당당함을 잃지 않았던 잔 다르크는 현재 프랑스에서 민족의 성녀로 추앙받고 있습니다. 그녀의 지극한 사랑이 나라를 구한 것입니다.

성경에도 하나님을 감동시켜 복을 받은 여인이 나옵니다. 이스라엘의 사사시대에 살았던 룻이라는 여인입니다. 젊은 나이에 과부가 된 룻은 아무 희망도, 의지할 것도 없는 시어머니를 버리지 않고 끝까지 함께합니다. 새 삶을 찾아 떠나가라는 시어머니의 만류에 그녀는 어떠한 고백을 합니까?

"나로 어머니를 떠나며 어머니를 따르지 말고 돌아가라 강권하지 마옵소서 어머니께서 가시는 곳에 나도 가고 어머니께서 유숙하시는 곳에서 나도 유숙하겠나이다 어머니의 백성이 나의 백성이 되고 어머니의 하나님이 나의 하나님이 되시리니 어머니께서 죽으시는 곳에서 나도 죽어 거기 장사될 것이라 만일 내가 죽는 일 외에 어머니와 떠나면 여호와께서 내게 벌을 내리시고 더 내리시기를 원하나이다"(룻

1:16~17)

얼마나 감동적인 고백입니까? 그녀는 자신의 처지를 한탄하거나 불평하지 않고 이삭을 주워 시어머니를 정성껏 봉양하였지요. 하나님께서는 이러한 룻에게 놀라운 복을 주셨습니다. 유복한 보아스의 아내가 되게 하시고 그의 계보에서 예수님이 나게 하신 것입니다. 이 같이 지극한 정성은 하나님께서 감동하시고 큰 축복으로 갚아주십니다.

일천 번제의 정성을 드린 솔로몬 임금

솔로몬은 주전 970년에서 930년까지 40년간 이스라엘을 통치한 왕입니다. 그는 아버지 다윗 왕이 통일왕국 이스라엘의 정치, 경제, 군사 등의 기반을 닦아 놓은 뒤에 왕위에 올랐기 때문에 안정 속에서 나라를 다스릴 수 있었습니다. 나단 선지자의 신앙 교육으로 성장한 그는 하나님을 사랑하고 그 부친 다윗의 법도를 행하기 위해 힘썼습니다.

왕위에 오른 솔로몬은 지극한 정성으로 일천 번제를 드려 하나님을 기쁘시게 했습니다. 번제를 드린다는 것은 간단한 일이 아닙니다. 제물로 가져온 짐승을 하나하나 각을 떠서 불태워 그 향기로 드리는 제사법으로 많은 수고와 정성이 필요하지요. 번제는 가장 보편적인 제사법으로서 생명을 드리며 하나님께서 명하신 모든 규례를 지킨다는 것을 의미합니다. 하나님께 대한 온전한 희생과 헌신, 자발적인 봉사를 상징하지요.

오늘날로 말하면 하나님 앞에 신령과 진정으로 드리는 모든 예배가 여기에 속합니다. 예수님이 자기의 몸을 희생 제물로 드려 인류를 구원하신 것처럼 하나님은 우리의 몸을 하나님께서 기뻐하시는 거룩한 산 제사로 드리기 원하십니다. 따라서 예배드릴 때에 마음에 기쁨 없이 피곤이나 졸음, 잡념 속에서 드려서는 안 됩니다. 우리의 마음이 하늘의 소망 가운데 기쁨으로 충만하고 구원의 은혜와 주님의 사랑에 감사하며 기도하는 중심으로 드릴 때에 하나님께서 기쁘게 받으십니다.

예물을 드릴 때에도 얼마나 정성껏, 믿음으로, 사랑으로 드리는지가 중요합니다. 그래서 고린도후서 9장 7절에 "각각 그 마음에 정한 대로 할 것이요 인색함으로나 억지로 하지 말지니 하나님은 즐겨 내는 자를 사랑하시느니라" 말씀하셨습니다. 마가복음 12장 41~44절을 보면 예수님께서 한 가난한 과부가 연보궤에 헌금하는 것을 보고 칭찬하십니다. 가난한 과부가 헌금한 두 렙돈은 이스라엘에서 가장 작은 화폐 단위인 동전 두 닢에 불과했지만 그 과부에게는 생활비 전부였습니다. 그러므로 예수님은 그 중심을 보고 칭찬하신 것입니다. 이렇게 적은 것이라도 정성을 담아 즐거이 드릴 때 하나님께서 기쁘게 받으십니다.

솔로몬의 일천 번제를 받으신 하나님께서는 꿈에 나타나 "내가 네게 무엇을 줄꼬 너는 구하라" 하십니다. 그는 왕으로서 백성을 재판할 때에 선악을 바르게 분별할 수 있는 지혜를 구했습니다. 사사로이 자신의 명예나 부를 구하지 않는 그의 마음이 얼마나 사랑스럽습니까. 하나님께서는 그에게 지혜와 총명은 물론 구하지 않은 부와 영광까지도 주셨습니다. 그리하여 솔로몬에 필적할 만한 왕이 없을 정도였습니다.

하나님을 기쁘시게 하는 믿음과 축복

우리가 어떤 마음으로 정성을 내보이느냐 하는 것이 매우 중요합니다. 하나님이 세우신 주의 종이나 부모를 섬길 때에도, 이웃이나 형제, 그 밖의 누군가를 섬길 때에도 정성으로 섬겨야 합니다. 하나님께서는 사람의 중심을 감찰하십니다.

솔로몬은 하나님을 경외하고 섬기는 마음으로, 자기 위치에서 최선을 다해 번제를 드렸습니다. 하나님께서는 그러한 중심과 마음 씀씀이를 아셨기에 그에게 성전을 건축하게 하신 것입니다. 솔로몬의 정성이 어떠하였는지 성전 건축 과정을 통해 알아보겠습니다. 왕으로 즉위한 지 4년 만에 시작된 성전 건축은 완공까지 7년이 걸렸습니다. 솔로몬은 정성을 다하여 실로 아름답고 정교하게 건축하였습니다.

예를 들어, 돌을 뜨는 곳에서 아예 규격에 맞추어 다듬은 뒤 가져오게 함으로써 건축하는 동안 성전에서 망치나 모든 철 연장 소리가 일절 들리지 않게 하였습니다. 또한 성전 내부는 귀한 백향목 널판으로 벽에 입힌 후 정금으로 덧입혀 돌이 보이지 않게 하였고, 사면 벽에는 그룹들과 종려와 꽃 핀 형상을 정교하게 아로새겼습니다.

성전 앞에는 기둥 둘을 웅장하게 만들었는데 사슬로 기둥머리에 두르고 석류 일백 개를 달았습니다. 또 성전의 기구들, 즉 등대와 꽃, 등잔과 화 젓가락, 그리고 불집게와 주발, 숟가락과 불 옮기는 그릇 같은 것들을 금으로 만들었습니다. 이렇게 솔로몬은 하나님을 경외하는 마음으로 정성을 다하여 아름답고도 정교하게, 그리고 웅장하게 건축하였습니다.

우리가 예배드릴 때, 기도하고 헌물할 때 등 무엇을 하든지 이런 정성으로 하나님을 기쁘시게 하면 하나님께서 큰 축복으로 갚아 주십니다. 그러면 우리에게 축복을 주고자 하시는 하나님께 무엇을 구해야 할까요? 하나님 앞에 구할 때에 우리의 중심은 백성을 다스리기 위해 지혜를 구한 솔로몬과 같아야 합니다. 자기 유익이 아닌 상대의 유익을 위하여, 사명을 감당하기 위하여, 영혼들을 위하여 하나님의 마음에 맞게 구하면 기뻐하시고 구하지 않은 것까지도 풍족하게 채워 주십니다.

수넴의 귀부인은 선지자 엘리사를 극진히 섬겼습니다. 하나님의 사람 엘리사가 그 지방을 지날 때면 강권하여 음식을 대접하고 쉬었다 갈 수 있는 방을 마련해 드렸습니다. 여인의 섬김에 감동한 엘리사가 무엇이 필요한지 물었을 때에도 여인은 아무것도 구하지 않았습니다. 어떤 대가를 바라고 한 일이 아니었기 때문입니다. 엘리사는 사환을 통해 여인에게 아들이 없음을 알고 내년 이맘때에 아들을 갖게 될 것을 말해 줍니다. 정성으로 하나님의 사람을 섬기니 구하지 않은 축복을 받을 수 있었던 것입니다. 솔로몬이 자기보다 백성의 유익을 먼저 생각한 것처럼, 누구든지 자기의 유익을 위해 살지 않고 먼저 해야 될 일과 나중에 할 일을 구분해서 규모 있게 행할 때 하나님께서 기뻐하십니다.

⚜ 하나님 앞에 감동적인 정성을 보인 사람들

나아만 장군은 문둥병을 치료받기 위해 엘리사를 찾아갈 때 어떻게 하였습니까? 많은 금은과 귀한 의복을 정성껏 준비하여 갔습니다. 물론 엘리사는 그것을 받지 않았지만 나아만 장군은 그만한 정성이 있었기 때문에 문둥병을 치료받을 수 있었습니다. 또 아브라함은 지나가는 길손도 소홀히 여기지 않고 마치 주를 섬기듯 대접했습니다. 그러다가 부지중에 천사를 대접하여 고대하던 아들을 낳을 것이라는 축복된 예언을 다시 한 번 듣게 됩니다.

야곱은 자기를 미워하는 형 에서의 마음을 움직이기 위해 어떻게 하였습니까? 나름대로 최선을 다하여 예물을 준비하였습니다. 암염소 200마리와 숫염소 20마리, 암양 200마리, 숫양 20마리, 젖 나는 약대 30마리와 그 새끼들, 암소 40마리, 황소 10마리, 암나귀 20마리와 그 새끼 나귀 10마리를 세 떼로 나누어 준비하여 형의 감정을 풀고자 한 것입니다. 물론 하나님께서 형 에서의 마음을 주관하여 화해할 수 있었지만 야곱의 정성 역시 형의 마음을 움직일 수 있을 만큼 감동적이었습니다.

이스라엘 자손이 광야에서 성막을 지으려 할 때에도 마찬가지였습니다. 백성이 자원하는 마음으로 너도 나도 즐거이 예물을 가져와 하나님께 드렸는데 어찌나 많이 드렸던지 그만 가져오도록 공포해야 할 정도였습니다. 하나님께 대한 백성의 정성이 그처럼 지극했던 것입니다.

삭개오는 얼마나 정성을 다해 예수님을 만나고자 하였습니까? 예수님을 보고자 하여도 키가 작은 그는 무리에 둘러싸인 예수님을 뵐 수 없었습니다. 그는 체면도 잊고 뽕나무에 올라갔습니다. 그의 사모함을 아신 예수님께서는 지나시다 그를 부르십니다. "삭개오야 속히 내려오라 내가 오늘 네 집에 유하여야 하겠다" 그 순간 삭개오는 얼마나 기뻤겠습니까? 그는 급히 내려와 즐거워하며 예수님을 영접하였습니다.

감격한 삭개오는 예수님께 "내 소유의 절반을 가난한 자들에게 주겠사오며 만일 뉘 것을 토색한 일이 있으면 사 배나 갚겠나이다" 라고 고백합니다. 이에 예수님은 "오늘 구원이 이 집에 이르렀으니 이 사람도 아브라함의 자손임이로다" 말씀하시며 구원의 축복을 주셨습니다. 이렇게 하나님께서는 마음 중심을 감찰하며 지극한 정성을 보시고 행한 대로 갚아 주십니다. 갈라디아서 6장 7절에 "스스로 속이지 말라 하나님은 만홀히 여김을 받지 아니하시나니 사람이 무엇으로 심든지 그대로 거두리라" 하신 대로입니다.

신약 시대 안나 선지자는 성전을 떠나지 않고 주야로 금식하며 하나님께 기도하여 아기 예수님을 알아보았습니다. 사무엘 선지자의 어머니 한나는 오랫동안 아이를 잉태하지 못하였을 때 눈물로 기도하여 아들 사무엘을 얻었습니다. 또 서원을 지킴으로써 더 많은 자녀를 얻었습니다. 엘리사는 끝까지 스승 엘리야를 붙좇는 정성을 보임으로 스승의 갑절의 영감을 받았지요.

지금까지 정성이 얼마나 중요한지 살펴보았습니다. 진리 안에서 진정 아름답고 거룩한 마음으로 감동적인 정성을 내보여 마음의 소원에 응답받으시기 바랍니다.

Chapter 9

주여 저를 도우소서

예수께서 대답하여 가라사대 나는 이스라엘 집의 잃어버린 양 외에는 다른 데로 보내심을 받지 아니하였노라 하신대 여자가 와서 예수께 절하며 가로되 주여 저를 도우소서 대답하여 가라사대 자녀의 떡을 취하여 개들에게 던짐이 마땅치 아니하니라 여자가 가로되 주여 옳소이다마는 개들도 제 주인의 상에서 떨어지는 부스러기를 먹나이다 하니 이에 예수께서 대답하여 가라사대 여자야 네 믿음이 크도다 네 소원대로 되리라 하시니 그 시로부터 그의 딸이 나으니라 **마태복음 15:24~28**

우리가 종종 쓰는 단어 중에는 자존심이라는 말이 있습니다. 자존심이란 '자기 몸을 굽히지 않고 스스로 높이는 마음'을 뜻하는데, 간혹 자존심 때문에 망하는 사람이 있는 것을 봅니다. 반면에 자존심을 버림으로써 흥하는 경우도 볼 수 있지요. 하나님은 우리가 자존심을 버리고 그 앞에 겸손한 마음으로 기도하여 도움을 받기 원하십니다. 과연 자존심이란 어떠한 것인지 몇 가지 예를 들어 살펴보겠습니다.

⚜ 자존심을 굽힘으로써 좋은 결과를 얻은 사람들

다윗이 아직 이스라엘의 왕이 되기 전입니다. 그는 자기를 시기하여 죽이려는 사울 왕을 피해 블레셋에 속한 가드 왕 아기스에게로 갑니다(삼상 21장). 블레셋은 이스라엘의 적국으로서 다윗은 사울의 휘하에 있을 때에 블레셋 사람을 많이 죽인 사람입니다. 그 사실을 아는 아기스의 신하들은 이를 왕에게 알립니다. 자칫 생명을 잃을 수도 있는 곤경에 처한 다윗은 블레셋 사람들 앞에서 미친 체하고 대문짝에 그적거리며 수염에 침을 흘리기까지 하였습니다.

아기스는 다윗의 이런 행동을 보고 "너희도 보거니와 이 사람이 미치광이로다 어찌하여 그를 내게로 데려왔느냐 내게 미치광이가 부족하여서 너희가 이 자를 데려다가 내 앞에서 미친 짓을 하게 하느냐 이 자가 어찌 내 집에 들어오겠느냐" 하며 쫓아냈습니다. 다윗은 자존심을 버리고 미친 척하여 무사히 빠져나올 수 있었습니다. 위기를 모면한 다윗은 훗날 이스라엘의 왕이 되었고 결국 블레셋을 완전히 굴복시켜 조공을 받았습니다. 만일 자존심을 세우다 아기스의 손에 죽었다면 참으로 헛된 죽음이었을 것입니다.

그러한 상황에서 여러분은 어떻게 하겠습니까? 만일 자존심이 있는 사람이라면 '죽을망정 그렇게는 못하겠다' 할 수도 있습니다. 과연 그 자존심이 가치가 있는지, 자존심을 세우는 것이 옳은지 분별해 보시기 바랍니다.

다윗이 사울 왕에게 쫓겨 다닐 때에는 어떠했습니까? 그는 사울 왕을 죽일 수 있는 기회가 두 번이나 있었으나 하나님이 기름부으신 왕을 죽이는 악한 일을 결코 하지 않았습니다. 도리어 자기를 죽은 개나 벼룩에 비유하기까지 낮추면서 사울을 죽일 의사가 없음을 알려 주었습니다. 그 말에 악한 사울도 감동하였지요(삼상 24:8~22). 결국 연단이 끝난 후에 하나님께서는 다윗을 왕으로 높여 주셨고 그는 견고한 통일왕국을 건설하였습니다.

중국 한나라의 한신은 젊었을 때에 가난한 데에다 벼슬도 없이 남에게 얹혀사는 신세였습니다. 하루는 그를 업신여기던 청년 하나가 시비를 걸며 겁쟁이라고 모욕하였습니다. 그리고는 "네가 죽음이 두렵지 않다면 그 칼로 나를 찌른 뒤 지나가고 만일 죽음이 두렵다면 내 가랑이 밑으로 기어서 지나가라." 했습니다. 한신은 청년을 한참 바라보다 태연히 허리를 굽혀 바짓가랑이 밑으로 기어 나갔습니다. 그것을 본 사람들은 한신을 겁쟁이라고 놀려댔으나 그가 나중에 어떤 인물이 되었습니까? 한나라의 승상 소하에게 인정을 받아 군사를 지휘하여 큰 공을 세웠고 제나라 왕이 되기까지 했습니다.

또 삼국지에 나오는 유비도 마찬가지입니다. 그가 힘이 약해 조조에게 의탁하고 있을 때에 조조와 천하를 논한 적이 있습니다. 조조는 유비에게 지금 천하에 영웅이 될 만한 사람은 유비와 조조가 있을 뿐이라며 유비의 마음을 떠보았습니다. 놀란 유비는 그만 손에 든 수저를 떨어뜨립니다. 그때 마침 하늘에서 천둥이 쳐 강산을 뒤흔들었습니다. 유비는 얼른 떨어진 수저를 집으며 "천둥이 무섭구나. 단번에 강산이 뒤엎어지는 듯하구나." 하고 둘러댔습니다. 조조는 짐짓 겁내는 것처럼 보이는 유비를 보고 사내대장부가 그까짓 천둥소리를 두려워한다며 조롱하였습니다.

이후 조조는 유비를 겁쟁이라 여겨 경계하거나 의심하지 않았습니다. 유비는 나중에 관우와 장비가 함께한 자리에서 그때 상황을 설명하며 껄껄 웃었습니다. 만일 유비가 조조의 말에 우쭐하여 잘난 체 했다면 평생 그에게 묶여 살 수도 있었지요. 유비는 조조로 하여금 자신을 큰 인물로 여기지 않도록 하여 빠져나갈 기회를 얻은 것입니다. 이처럼 유비는 어려운 때에 기지를 발휘하여 훗날 중원의 패권을 다툴 수 있었습니다.

⚜ 자존심을 세우다 비참한 결과를 맞이한 사람들

반면에 사울은 자존심을 내세운 사람입니다. 사무엘 선지자가 죄를 지적했을 때에 회개하기는커녕 오히려 백성 앞에서 자기의 자존심을 세워 줄 것을 간청하였습니다. 또 하나님께서 자신의 왕위를 폐하고 다윗을 왕으로 세운 사실을 알고는 다윗을 죽이러 집요하게 쫓아다녔습니다. 그러다 결국 하나님께 버림 받아 비참한 죽음을 맞이합니다. 블레셋과의 전투에 패하여 도망하다 화살에 맞아 중상을 입은 채 자결한 것입니다.

남유다 왕국의 마지막 왕인 시드기야는 어떠했습니까? 예레미야 선지자가 바벨론 군대에 항복하라는 하나님 뜻을 전하였지만 순종하지 않고 자존심을 고집하다 비참한 결과를 초래하고 말았습니다. 예루살렘 성이 1년 반 정도 바벨론 군대에 포위되어 성중에 양식이 다 떨어진 데다가 바벨론 군대가 성벽을 깨뜨리고 공격해 옵니다. 시드기야와 군사들은 밤중에 도망치다 결국 붙잡혔지요. 바벨론 왕은 시드기야의 목전에서 그 아들들을 죽인 뒤 시드기야의 두 눈을 빼고 사슬로 결박하여 죽는 날까지 옥에 가두었습니다. 그러니 자존심 때문에 자기를 낮추지 못하는 것이 얼마나 어리석은 일입니까? 자존심을 굽히지 못하여 이처럼 자신뿐 아니라 나라 전체가 망하는 일도 있고 자신을 굽힘으로써 모든 일이 순조롭게 해결되는 경우도 있습니다.

겸비한 마음을 소유하여 응답받은 수로보니게 여인

예수님께서 수로보니게 지방에 가셨을 때의 일입니다. 더러운 귀신 들린 딸을 둔 여인이 예수님께 나와 자기 딸에게서 귀신을 쫓아 주시기를 간구하였습니다. “주 다윗의 자손이여 나를 불쌍히 여기소서 내 딸이 흉악히 귀신 들렸나이다” 하며 간청하지만 예수님은 한 말씀도 하지 않습니다. 여인이 계속하여 소리 지르며 애원합니다. 보다 못한 제자들이 나서서 예수님께 "그 여자가 우리 뒤에서 소리를 지르오니 보내소서" 하며 간청했습니다. 그제야 예수님은 "나는 이스라엘 집의 잃어버린 양 외에는 다른 데로 보내심을 받지 아니하였노라" 답변하십니다.

여인이 예수님께 절하며 "주여 저를 도우소서"라고 하지만 예수님은 "자녀의 떡을 취하여 개들에게 던짐이 마땅치 아니하니라" 하며 그 이방 여인을 개에 비유하십니다. 이는 여인을 시험하기 위해 하신 말씀입니다. 보통 사람이라면 자신을 개 취급하는 말에 자존심이 상하여 돌아갈 수도 있습니다. 그러나 여인은 "주여 옳소이다마는 개들도 제 주인의 상에서 떨어지는 부스러기를 먹나이다" 하며 겸손히 대답합니다. 이 말에 예수님이 감동하여 "여자야, 네 믿음이 크도다 네 소원대로 되리라" 하시니 여인의 딸이 그때로부터 나았습니다. 자기를 철저히 낮춤으로 믿음의 시험을 잘 통과하여 마음의 소원을 응답받은 것입니다.

⚜ 자기를 낮추는 것이 의인의 믿음

문둥병을 고치려고 엘리사 선지자를 찾아온 나아만 장군 역시 우리에게 큰 교훈을 줍니다. 그는 이스라엘 땅에서 포로로 잡혀온 작은 여자 아이의 말이라도 무시하지 않았고, 선지자 엘리사의 소문만 듣고도 그대로 믿었습니다. 많은 예물을 준비하여 엘리사를 찾아갔지요. 그런데 고대하던 선지자는 나와 보지도 않고 사환을 통해 "요단강 물에 몸을 일곱 번 씻으면 네 살이 여전하여 깨끗하리라"는 말만 전합니다.

나아만 장군은 순간 자존심이 상했습니다. 화가 난 나머지 그냥 돌아가려 했지요. 그때 그의 종들이 권유합니다. 별로 어려운 일도 아닌데 선지자의 말대로 순종하라는 것입니다. 비록 종들의 권유였지만 나아만은 이내 돌이키고 순종합니다. 과연 선지자의 말대로 했더니 문둥병이 깨끗이 치료되었지요.

하나님께서는 우리에게 축복을 주시기 위해 시험할 때가 있습니다. 그럴 때에 변함없는 믿음으로 통과하면 예비하신 축복을 받을 수 있습니다. 아브라함이 백 세에 얻은 이삭을 바친 것이나 사르밧 과부가 마지막 남은 양식을 엘리야에게 드린 것이 그러한 예입니다. 이같이 자기를 낮추는 것이 의인의 믿음입니다.

세상과 타협하자 않는 믿음을 지닌 다니엘은 하나님께 많은 사랑을 받았습니다. 사람으로서는 풀 수 없는 꿈을 하나님께서 주신 지혜로 해석하여 포로로 잡혀간 나라에서도 왕 다음가는 높은 지위에까지 오를 수 있었습니다. 바벨론 왕 느부갓네살은 다니엘이 자기의 꿈에 대한 해석을 너무나도 명쾌하게 해 주었기 때문에 탄복하면서 다니엘 앞에 엎드려 절하였습니다. 또 그를 높여 바벨론 온 도를 다스리게 하고, 모든 박사의 어른으로 삼았습니다. 다니엘은 왕의 꿈을 해석할 때에도 겸손히 모든 영광을 하나님께 돌리는 것을 볼 수 있습니다.

"다니엘이 왕 앞에 대답하여 가로되 왕의 물으신 바 은밀한 것은 박사나 술객이나 박수나 점장이가 능히 왕께 보일 수 없으되 오직 은밀한 것을 나타내실 자는 하늘에 계신 하나님이시라 그가 느부갓네살 왕에게 후일에 될 일을 알게 하셨나이다 … 내게 이 은밀한 것을 나타내심은 내 지혜가 다른 인생보다 나은 것이 아니라 오직 그 해석을 왕에게 알려서 왕의 마음으로 생각하던 것을 왕으로 알게 하려 하심이니이다"(단 2:27~30)

다니엘이 왕의 총애를 받자 이를 시기한 사람들이 궤계를 부려서 그를 죽이고자 했습니다. 다니엘은 그들의 음모를 알고도 악으로 대항치 않았습니다. 악한 사람들의 계략으로 사자 굴에 던져지지만 자신을 지켜 주지 못한 왕에게도 전혀 서운해하지 않았습니다. 마음이 선하므로 누구와도 다투지 않고, 탄식하고 원망하거나 시비하지 않고 모든 것을 하나님께 맡깁니다. 하나님께서는 그의 의로움과 믿음의 행함을 보고 굶주린 사자가 들어 있는 굴 속에서도 조금도 상하지 않도록 지켜 주셨습니다.

사도 바울은 빌립보서 3장 5~6절에서 "내가 팔 일 만에 할례를 받고 이스라엘의 족속이요 베냐민의 지파요 히브리인 중의 히브리인이요 율법으로는 바리새인이요 열심으로는 교회를 핍박하고 율법의 의로는 흠이 없는 자로라" 말합니다. 이처럼 그는 육적으로나 영적으로 누구에게도 뒤지지 않는 사람입니다. 그러나 하나님 앞에서는 철저히 자기를 낮추었습니다.

고린도전서 15장 9~10절을 보면 "나는 사도 중에 지극히 작은 자라 내가 하나님의 교회를 핍박하였으므로 사도라 칭함을 받기에 감당치 못할 자로라 그러나 나의 나된 것은 하나님의 은혜로 된 것이니 내게 주신 그의 은혜가 헛되지 아니하여 내가 모든 사도보다 더 많이 수고하였으나 내가 아니요 오직 나와 함께 하신 하나님의 은혜로라" 하였습니다. 또 디모데전서 1장 15절에서는 자기를 '죄인 중에 괴수'라 고백합니다. 인정받을 수 있는 위치에 있어도 자기를 온전히 낮출 정도로 의로웠던 것입니다.

하나님께서는 그에게 큰 권능을 주셔서 기사와 표적을 행하며 하나님 나라와 의를 이루도록 역사하셨습니다. 심지어 사람들이 바울의 몸에서 손수건이나 앞치마를 가져다가 병든 사람에게 얹으면 그 병이 떠나고 악귀도 나갈 정도였지요(행 19:12).

예수님은 어떠하셨습니까? 하나님의 아들로서 이 땅에 오셔서 큰 기사와 표적을 행하셨기에 얼마든지 자신을 내세울 수도 있었습니다. 그러나 어떤 사람이 '선한 선생님이여' 하고 부르자 "어찌하여 나를 선하다 일컫느냐 하나님 한 분 외에는 선한 이가 없느니라" 하셨습니다.

또한 요한복음 7장 16~18절에 "내 교훈은 내 것이 아니요 나를 보내신 이의 것이니라 … 스스로 말하는 자는 자기 영광만 구하되 보내신 이의 영광을 구하는 자는 참되니 그 속에 불의가 없느니라" 하셨고, 요한복음 12장 49~50절에는 "내가 내 자의로 말한 것이 아니요 나를 보내신 아버지께서 나의 말할 것과 이를 것을 친히 명령하여 주셨으니 나는 그의 명령이 영생인 줄 아노라 그러므로 나의 이르는 것은 내 아버지께서 내게 말씀하신 그대로 이르노라" 하며 모든 영광을 오직 하나님께만 돌리셨습니다.

하나님의 아들이신 예수님도 하나님 앞에서 자신을 철저히 낮추신 것입니다. 그러한 겸손이 있었기 때문에 죽기까지 하나님 뜻에 순종하여 십자가에 달려 죽으시고 인류의 구세주가 되실 수 있었습니다.

⚜ 의로운 중심에서 나오는 믿음의 고백

수로보니게 여인이 "주여 옳소이다마는 개들도 제 주인의 상에서 떨어지는 부스러기를 먹나이다" 하며 자신을 낮춘 것은 단지 딸을 고치겠다는 일념으로 분을 삭히거나 자기에게 유리한 쪽으로 계산하여 한 말이 아닙니다. 여인의 중심이 의롭고 겸비하기 때문에 그런 대답이 나올 수 있었던 것입니다. 즉 순간에 지혜를 짜내 '내가 이렇게 대답해서 예수님의 마음을 사야겠다' 한 것이 아니라 마음 중심에 있는 선과 온유와 겸손이 그대로 나온 것입니다.

우리도 하나님의 응답을 받으려면 교만을 버리며, 마음을 비워 종의 형체를 가진 그리스도의 마음을 닮아야 합니다. 악을 악으로 갚지 않고 선으로 갚으며, 육의 마음을 온전히 버리고 영의 마음, 의로운 마음을 가져야 합니다. 그러면 어떤 문제이든 응답받을 수 있고 믿음으로 행하는 모든 일에 거칠 것이 없습니다.

로마서 1장 17절에 "의인은 믿음으로 말미암아 살리라" 하셨는데 수로보니게 여인은 그 중심이 겸비하고 의로웠기 때문에 끝까지 믿음의 고백을 하여 응답을 받았습니다. 그러한 중심이 되면 어떤 문제에 부딪힌다 해도 믿음으로 고백하고 행하며 헌신하게 됩니다. 그러면 놀라운 하나님의 역사가 일어나 마음의 소원대로 응답받을 수 있습니다.

그것이 믿음입니다. 믿음은 신뢰하는 것이고 그 신뢰에 변함이 없으며 또한 순종하는 것입니다. 수로보니게 여인은 예수님에 대한 소식을 들었을 때 그것을 믿고 예수님을 신뢰했습니다. 또 예수님께서 어떤 행동과 말씀을 하셔도 요지부동하고 변함없는 마음으로 믿어 드렸습니다.

그러면 순종은 어떻게 나타났습니까? 예수님께서 "자녀의 떡을 취하여 개들에게 던짐이 마땅치 아니하니라" 하시니 여인은 "주여, 옳소이다"라는 대답을 하였습니다. 예수님을 신뢰하기 때문에 서운함이나 자존심 상한다는 감정을 품지 않고 그 말씀에 긍정의 말로써 순종합니다. 그러면서 예수님을 감동시켜 드리는 말을 하였기에 역사가 따랐지요.

하나님은 우리도 이와 같이 의롭고 겸비한 마음으로 하나님을 기쁘시게 하는 믿음을 내보이기 원하십니다. 사람들이 부와 명예 등 결국은 없어지고 마는 육의 것들을 얻기 위해 얼마나 땀 흘리며 수고합니까? 그런데 그러한 것과는 비교할 수도 없는 영생과 아름다운 천국의 삶을 위해 정녕 어떻게 살아가야 하겠습니까?

모든 자존심을 버리고 겸비하여 낮아지고 영원한 것을 취하기 위하여 수고하며 인내하는 사람이 되어야 합니다. 내 안에 있는 자존심, 높아지고 섬김받고자 하는 마음, 자랑하고 싶은 마음, 자기 유익을 구하는 마음, 이런 어둠의 마음을 버리고 참으로 겸비하여 하나님께서 기뻐하시는 믿음을 내보임으로 모든 것에 응답받으시기 바랍니다.

Chapter 10

들풀도 입히시거든

공중의 새를 보라 심지도 않고 거두지도 않고 창고에 모아들이지도 아니하되 너희 천부께서 기르시나니 너희는 이것들보다 귀하지 아니하냐 … 그러므로 염려하여 이르기를 무엇을 먹을까 무엇을 마실까 무엇을 입을까 하지 말라 이는 다 이방인들이 구하는 것이라 너희 천부께서 이 모든 것이 너희에게 있어야 할 줄을 아시느니라 너희는 먼저 그의 나라와 그의 의를 구하라 그리하면 이 모든 것을 너희에게 더하시리라 **마태복음 6:26~33**

세상에서 아무 염려, 근심, 걱정 없이 살아가는 사람은 많지 않습니다. 재물이 많아 아무 부족한 것 없는 사람도 질병이나 가족 간의 문제 등 이런저런 근심이 있기 때문입니다. 그러나 하나님을 믿는 사람은 어떤 문제가 있다 해도 하나님께서 역사하시면 능치 못할 일이 없으므로 항상 기뻐하고 감사하며 행복한 삶을 영위할 수 있습니다. 그러면 우리가 추구해야 할 진정 가치 있고 평안한 삶은 무엇이며, 그것을 얻을 수 있는 방법은 무엇일까요?

⚜ 자기 마음대로 할 수 없는 삶의 분야

사람은 대부분 현재의 삶에 만족하지 못하고 항상 무엇인가를 끊임없이 갈망합니다. 어떤 사람은 더 많은 재물을 소유하기 원하며, 어떤 사람은 권세를 얻기 원합니다. 그런가 하면 자신이나 혹은 가족의 건강을 소망하거나 가정의 화목을 간절히 바라는 사람도 있습니다.

중국을 통일하여 온갖 부귀영화를 다 누린 진시황도 아쉬운 것이 있었습니다. 황제로서 모든 것을 누려도 세월이 흐르면 늙고 죽음을 맞이해야 한다는 사실이 불안하고 안타까웠지요. 그래서 불로장생할 수 있는 불로초를 구하기 위해 백방으로 애썼으나 이런 노력이 무색하게 불과 50세의 나이로 세상을 떠나고 말았습니다. 이렇게 사람들은 각기 마음에 소원하는 것이 있는데 설령 수고하고 애써서 그것을 다 이루었다 해도 죽음 앞에서는 모두 헛된 것입니다.

이러한 사람들을 향하여 예수님께서는 "너희 중에 누가 염려함으로 그 키를 한 자나 더할 수 있느냐 또 너희가 어찌 의복을 위하여 염려하느냐"(마 6:27~28) 말씀하십니다. 우리가 세상에서 염려 근심 걱정하지 않고 평안 가운데 살기를 원하시기 때문입니다. 그러면 왜 사람들은 염려하며 질병으로 고통당하고 결국은 죽음을 맞이해야 하는 것일까요?

창세기 3장 17절 이하를 보면 아담과 하와가 선악과를 먹는 불순종의 죄를 범한 후 하나님의 저주가 임한 것을 알 수 있습니다. 하나님께서 아담에게 "내가 너더러 먹지 말라 한 나무 실과를 먹었은즉 땅은 너로 인하여 저주를 받고 너는 종신토록 수고하여야 그 소산을 먹으리라 땅이 네게 가시덤불과 엉겅퀴를 낼 것이라 너의 먹을 것은 밭의 채소인즉 네가 얼굴에 땀이 흘러야 식물을 먹고 필경은 흙으로 돌아가리니" 하셨습니다. 그리하여 사람은 땀 흘려 일해야만 먹고 살 수 있게 되었으며, 누구나 질병이나 죽음을 피할 수 없게 된 것입니다.

그러나 예수 그리스도를 영접하여 말씀대로 살아가는 하나님의 자녀는 어떻습니까? 진시황과 같이 모든 것을 다 가진 듯한 사람이라도 죽음을 피할 수 없었지만 하나님의 자녀는 영원한 생명을 얻을 수 있습니다. 하나님의 자녀를 영생하게 하는 것은 바로 성경에 기록된 하나님 말씀입니다.

요한복음 6장 54~55절을 보면 예수님께서 "내 살을 먹고 내 피를 마시는 자는 영생을 가졌고 마지막 날에 내가 그를 다시 살리리니 내 살은 참된 양식이요 내 피는 참된 음료로다" 하셨습니다. 여기서 예수님의 살은 성경 66권 하나님의 말씀으로서 살을 먹는다는 것은 하나님 말씀을 양식 삼는다는 의미입니다. 또한 예수님의 피를 마신다는 것은 하나님 말씀대로 행하는 것을 의미합니다.

이렇게 하나님 말씀을 듣고 마음에 양식 삼아 지켜 행하는 사람마다 눈물, 슬픔, 고통, 질병, 사망이 없는 하늘나라에서 영생복락을 누립니다. 사람의 힘으로는 키 한 자도 더 자라게 할 수 없고 의학의 한계를 넘어서는 불치병을 치료할 수 없지만, 죄로 인해 죽을 수밖에 없었던 우리를 구원의 길로 인도하신 하나님께서 역사하시면 무엇이 부족하겠습니까. 하나님은 그 자녀들이 이 세상을 살아가는 동안 필요한 모든 것을 공급하실 수 있습니다.

그래서 마태복음 6장 25절에 "목숨을 위하여 무엇을 먹을까 무엇을 마실까 몸을 위하여 무엇을 입을까 염려하지 말라" 말씀하신 것입니다. 공중의 새는 심지도, 거두지도 않고 창고에 모아들이지도 않지만 하나님께서 기르시니 염려, 걱정 없이 잘 살아갑니다. 하물며 이와는 비교할 수 없이 귀한 사람들을 하나님께서 입히고 먹이지 않겠느냐는 말씀입니다.

해 아래서 수고한 모든 것이 헛된 삶

이스라엘의 솔로몬 왕은 모든 부귀영화를 누린 사람입니다. 은을 귀하게 여기지 않으며 고급 목재인 백향목을 평지의 뽕나무같이 흔하게 사용할 정도였습니다. 솔로몬의 지혜를 듣고자 예물을 가져오고 주변 국가에서 조공을 바치니 모든 것이 풍족했습니다. 솔로몬을 방문한 스바 여왕은 솔로몬이 건축한 궁과 그 상의 식물과 신복들의 좌석과 신하들의 시립한 것과 그들의 공복과 여호와의 전에 올라가는 층계만 보고도 정신이 현황할 정도였다고 성경에 기록하고 있습니다.

이런 부귀영화를 누린 솔로몬도 하나님께서 보실 때에는 그 입은 옷이 들꽃의 아름다움과 비교할 수 없었습니다. 마태복음 6장 29절에 "솔로몬의 모든 영광으로도 입은 것이 이 꽃 하나만 같지 못하였느니라" 말씀합니다. 들에 핀 꽃은 자신이 수고하지 않아도 저절로 아름답게 핍니다. 하나님께서 때에 따라 비를 내려 주고 알맞은 햇볕과 온도를 주는 등 적절한 환경을 허락하셨기 때문입니다.

사람은 어떻습니까? 솔로몬이 그만한 영화를 누리기 위해서는 얼마나 수고하고 노력해야 했겠습니까? 사람이 열매를 얻기까지 얼마나 많은 손길이 가야 합니까? 집 한 채를 짓기 위해서도 얼마나 많은 수고와 물질이 필요한지요. 우리는 이처럼 무엇을 얻기 위해 많은 수고를 하는데 들에 피는 꽃은 수고하지 않아도 때가 되면 자연히 피어납니다. 그러니 솔로몬의 모든 영광으로도 입은 것이 이 꽃 하나만 같지 못하다 하신 것입니다.

하나님은 사람이 살아가기 위해 노력하는 그 모든 것이 수고임을 깨닫고 전폭적으로 하나님께 맡기기 원하십니다. 사람이 아무리 수고하여도 그 대가가 미미한 경우가 얼마나 많습니까? 더구나 많은 수고로 부귀영화를 누렸다 해도 죽음을 맞으면 한 줌의 흙으로 돌아가니 그 얼마나 허무한 일입니까?

온갖 부귀영화를 다 누린 솔로몬 왕도 “헛되고 헛되며 헛되고 헛되니 모든 것이 헛되도다 사람이 해 아래서 수고하는 모든 수고가 자기에게 무엇이 유익한고”(전 1:2~3) 고백하였습니다. 우리가 무엇을 추구해야 하는지 분명히 느끼게 해 주는 말씀입니다. 이 세상의 명예나 권세, 부귀와 영화 등은 언젠가는 안개처럼 없어질 헛된 것입니다. 하나님의 자녀는 정녕 가치 있는 삶을 살기 위하여 참되고 영원한 것을 추구해야 합니다.

사람들은 대부분 사글세 집에 살 때에는 전셋집을 얻는 게 소망일 것입니다. 전셋집에서 살게 되면 그것으로 만족합니까? 다시 ‘내 집을 갖고 싶다’ 소망합니다. 열심히 아끼고 노력하여 자기 집을 소유한 뒤에도 더 큰 집을 원하게 되지요. 그맘때쯤 되면 젊음은 사라지고 거울 앞에 비춰진 얼굴에는 어느새 굵은 주름이 자리 잡습니다. 검은 머리는 서리가 내린 듯 희끗희끗해지고 인생을 정리하는 황혼기에 접어듭니다. 참으로 이 땅에서 수고한 모든 것이 헛되고 헛됨을 실감하는 순간입니다. 그러니 일생 동안 수고하여 잠시 풍족한 삶을 누리게 되었다 해도 그것이 과연 참된 행복이라고 말할 수 있겠는지요.

마태복음 6장 31~32절에 “그러므로 염려하여 이르기를 무엇을 먹을까 무엇을 마실까 무엇을 입을까 하지 말라 이는 다 이방인들이 구하는 것이라” 말씀합니다. 어떤 사람은 자신의 목표를 성취하거나 재물을 모으기 위해 부정한 방법을 동원하기도 하고 다른 사람을 짓밟고 올라서기도 합니다. 하지만 그것을 통해 원하는 것을 다 갖고 많은 재물을 모은다 해도 그 결국은 영원한 사망입니다. 우리는 사람의 모든 행위와 모든 은밀한 일을 선악간에 심판하시는 하나님 앞에서 무엇을 추구하며, 어떻게 살아가는 것이 참된 행복인지 깨닫고 정녕 가치 있는 것을 바라보며 살아야 합니다.

⚜ 먼저 하나님 나라와 의를 구하는 것이 믿음

하나님의 자녀들은 구체적으로 무엇을 추구하며 살아야 할까요? 마태복음 6장 33절을 보면 "너희는 먼저 그의 나라와 그의 의를 구하라 그리하면 이 모든 것을 너희에게 더하시리라" 하셨습니다. 하나님께서는 우리가 살아가는 데 필요한 것을 잘 아시지만, 그러한 것을 구하기에 앞서 하나님의 나라와 의를 먼저 구하라 말씀하십니다. 헛되지 않은 삶을 살며 영원한 복락을 누리기 위해서는 그의 나라와 의를 구해야 하기 때문입니다.

그의 나라 곧 하나님 나라를 구한다는 것은, 영혼을 구원하는 것을 말합니다. 하나님을 믿지 않는 사람들을 전도하여 하나님 품으로 인도하는 것이 하나님 나라를 이루는 것입니다. 부활하신 주님께서 승천하기 전에 마지막으로 제자들에게 부탁하신 것도 바로 하나님 나라를 이루라는 것이었습니다.

사도행전 1장 8절에 "오직 성령이 너희에게 임하시면 너희가 권능을 받고 예루살렘과 온 유대와 사마리아와 땅 끝까지 이르러 내 증인이 되리라" 말씀합니다. 이는 주님의 증인이 되어 내 부모 형제, 일가친척에게 전도해야 할 뿐만 아니라 직장이나 일터, 사업터에서도 복음을 전하며 나라와 민족, 세계의 복음화를 위해 불같이 기도해야 할 것을 알려 주시는 말씀입니다.

예수님께서는 원수 마귀 사단의 종노릇 하며 멸망으로 가는 인생을 위하여 육신을 입고 이 땅에 오셔서 나무 십자가에 달려 죽으셨습니다. 그리고 삼 일 만에 부활하여 사망 권세를 깨뜨리셨기에 누구든지 예수 그리스도를 영접하여 그 이름을 믿으면 하나님의 자녀 된 권세를 얻어 구원에 이르는 것입니다.

디모데전서 2장 4절에 "하나님은 모든 사람이 구원을 받으며 진리를 아는 데 이르기를 원하시느니라" 하셨습니다. 우리가 십자가의 고난을 받고 부활하신 예수 그리스도를 전하는 만큼 이 세상에서 어둠이 물러가고 원수 마귀 사단의 진이 깨어지며 하나님 나라가 이루어진다는 사실을 깨달아 열심히 복음을 전해야 합니다.

많은 영혼이 구원에 이르는 만큼 하나님 나라가 확장되므로 모든 사람이 하나님의 자녀가 되도록 영혼 구원, 곧 세계 복음화를 위해 기도하며 때를 얻든지 못 얻든지 전도해야 합니다(딤후 4:2). 하나님께서는 그렇게 영혼 구원을 위해 힘쓰는 성도들을 기뻐하여 그들의 기도와 간구에 응답하며 이 세상에서 필요한 모든 것에 부족함이 없도록 채워 주십니다.

또한 '하나님의 의'란 하나님을 믿어드리는 것, 하나님 말씀에 귀 기울여 순종하는 것, 하나님을 사랑하는 것, 진리를 행하는 것, 또한 자기 삶을 정직하고 바르게 살아가는 것을 말합니다. 따라서 하나님의 의를 구하라는 것은 영혼이 잘되기 위하여, 즉 하나님 말씀대로 행하는 의로운 사람이 되기 위해 기도하라는 뜻입니다.

예수 그리스도를 영접하여 하나님 자녀가 되면 성령을 선물로 받아 하나님 말씀을 듣고 깨우칩니다. 죄와 의와 심판에 대하여 알게 되고 성령의 인도에 따라 하나님 말씀대로 지켜 행하는 사람이 됩니다. 이렇게 어둠에서 나와 하나님의 거룩하심을 닮아가는 것, 성령의 소욕을 좇아 진리대로 행하며 성결되는 것이 곧 하나님의 의를 이루는 것입니다.

하나님의 의를 구하는 사람에게는 영혼이 잘됨같이 범사가 잘되고 강건한 축복이 임합니다. 어떤 성도는 "그동안 여러 사명을 맡아 하나님 일을 했는데, 이젠 성결되기 위해 잠시 사명을 맡지 않고 열심히 기도만 했으면 좋겠습니다." 말합니다. 이 말은 하나님 나라는 구하지 않고 하나님의 의만 구하겠다는 뜻인데 하나님께서 원하시는 모습이 아닙니다. 예수님께서 말씀하신 대로 하나님 나라와 의를 병행해서 구하는 것이 하나님의 뜻입니다.

하나님 나라를 위해 열심을 낼 때 위로부터 힘과 능력을 주시고 하나님의 의를 더욱 신속히 이루도록 축복하십니다. 따라서 우리는 먼저 하나님 나라와 의를 생각해야 합니다. 즉 아침에 일어나서 밤에 잠들기까지 항상 '어떻게 진리의 말씀대로 살 것인가? 어떻게 먹으나 마시나 무엇을 하든지 주님 영광을 위해 살 것인가?'를 생각하는 사람이 되어야 하는 것입니다.

우리가 근심하고 염려할 것은 무엇을 먹을까, 입을까 하는 것이 아니라 기도했는가, 죄를 버렸는가, 사랑하고 용서했는가, 하나님 앞에 순종했는가 하는 데에 있어야 합니다. 하나님은 그렇게 행하는 사람이 쓸 것과 있어야 할 것을 다 아십니다. 그러므로 여호와 이레의 하나님, 즉 미리 준비하는 하나님께서 역사하여 안 되는 것도 되게 하고 불통도 형통케 하십니다.

하나님께서는 엘리야에게 먹을 것이 없을 때 까마귀를 통해 양식을 날라 주셨고, 가뭄 때에 사르밧 과부와 그 아들이 마지막으로 먹을 양식까지 엘리야에게 주도록 역사하셨습니다. 만일 우리의 근심하는 것이 먹고 사는 일이고, 탄식하는 것이 내 가정의 문제라면 이는 하나님 보시기에 안타까운 일입니다. 우리가 의로운 사람이 되면 하나님께서는 우리에게 필요한 모든 것을 예비하시고 채워 주시기 때문입니다.

우리는 오히려 하나님의 의를 이루지 못한 것을 염려하며 애통해해야 합니다. 먼저 하나님 앞에 의로운 사람이 되기 위해 기도해 나갈 때에 하나님께서는 우리에게 필요한 것을 살피시고 모든 것을 더하십니다. 이러한 약속에도 불구하고 여전히 먹고 사는 일로 염려하고 근심하는 것은 믿음이 적은 까닭입니다. 전지전능하신 하나님을 믿지 못하고 의심하기 때문에 염려하는 것입니다.

저는 7년 동안 온갖 질병에 시달리며 고통을 받다가 하나님 능력으로 깨끗이 치료되었습니다. 그 은혜에 감사하여 열심히 예배에 참석하며 말씀대로 행하니 놀라운 축복이 임하였습니다. 먼저 하나님 나라와 그의 의를 구하라고 하셨기 때문에 오직 말씀대로 살기 위해 노력했습니다. 질병 때문에 생긴 많은 부채가 있었지만 하나님 앞에 드리는 것을 최우선으로 여겼습니다. 어려운 사람을 구제하고 항상 감사의 조건을 찾아 힘써 드렸지요. 또 일가친척, 이웃들에게 나를 만나주신 하나님을 열심히 전했습니다. 이같이 먼저 하나님 나라와 그의 의를 구하니 하나님께서 때에 따라 필요한 것을 채우시고 그 많던 부채도 다 갚도록 축복하셨습니다.

아브라함은 오직 하나님 나라와 의를 위해 산 믿음의 사람입니다. 하나님 말씀이면 무조건 '아멘' 하고 순종했습니다. 하나님께서 독자 이삭을 번제로 바치라 하셨을 때에도 그대로 순종했지요.

히브리서 11장 8~17절에 "믿음으로 아브라함은 부르심을 받았을 때에 순종하여 장래 기업으로 받을 땅에 나갈새 갈 바를 알지 못하고 나갔으며 … 아브라함은 시험을 받을 때에 믿음으로 이삭을 드렸으니" 기록된 대로입니다. 그러므로 아브라함은 믿음의 조상이요,

하나님의 벗이며 복의 근원이 되었습니다. 이 땅에서도 부족한 것 없이 풍족하였으며 범사에 형통함을 누렸습니다. 우리도 아브라함과 같이 믿음의 사람이 되고 하나님 나라와 의를 위해 살면 그가 받았던 모든 복을 받을 수 있습니다. 그러한 복을 받을 수 있는 비결이 성경에는 수없이 기록되어 있습니다.

저는 교회를 개척한 이래 지금까지 생각하고 말하고 계획하는 모든 일을 성경 안에서 해답을 찾아 그대로 행하고자 노력하였습니다. 교회를 개척한 뒤 하나님께서 기뻐하시는 교회를 이루기 위해 간절히 기도했는데 초대 교회를 본받아야 되겠다는 깨달음이 왔습니다. 초대 교회는 예수님이 이 땅에서 사역하실 때에 함께한 제자들이 세운 교회이니 하나님 뜻에 합하게 치리하지 않았겠습니까? 초대 교회와 같이 말씀의 떡을 떼고 기도하기에 힘쓰게 하였고, 날마다 모이기에 힘쓰며 하나님을 찬미하게 하였습니다. 이에 하나님께서는 기사와 표적을 통해 하나님의 살아 계심을 나타내 주시며 큰 부흥으로 축복하셨습니다.

게다가 세계선교의 비전을 이루기 위해서는 많은 재정이 필요했기에 어떻게 하면 풍족하게 축복받을 수 있을지 기도하다가 문득 누가복음 6장 38절에 "주라 그리하면 너희에게 줄 것이니 곧 후히 되어 누르고 흔들어 넘치도록 하여 너희에게 안겨 주리라" 하신 말씀이 떠올랐습니다.

그래서 교회 개척 초기부터 어려운 미자립 교회를 찾아서 도와주었습니다. 과연 하나님께서 약속하신 대로 풍족하게 채워 주셨습니다. 또한 힘써 말씀대로 행하고자 노력하니 많은 영혼을 구원하며 세계 선교의 사명을 창대하게 이루어 갈 수 있도록 축복해 주셨습니다.

하나님 나라와 의를 우선적으로 구해 나가는 사람을 위해 하나님께서는 놀라운 축복을 예비하시는 것입니다. 예를 들어, 아주 부유한 부모님께서 자녀를 사랑하여 그가 원하는 대로 해주고 싶어 한다고 합시다. 만일 그 자녀가 사업을 하다 어려운 상황에 처한다면 어떻게 할까요? 평소 부모님의 깊은 사랑과 신뢰를 받았다면 아무 염려도 하지 않을 것입니다. "제가 이런 어려움에 빠졌습니다." 하면 부모님이 기꺼이 도와주실 것이기 때문입니다.

하나님과 우리 사이도 마찬가지입니다. 평소에 하나님 나라와 의를 구하며 하나님을 기쁘시게 하며 살아간다면 설사 어려운 일을 당해도 하나님께서 해결해 주십니다. 엘리야, 모세, 사도 바울 등 믿음의 선진들은 세상의 모든 것을 분토와 같이 버리고 오직 하나님께서 원하시는 대로 순종하였습니다. 해 아래 수고하는 모든 것이 헛되다는 사실을 깨달았기에 먼저 하나님 나라와 의를 구하며 산 것입니다. 하나님께서는 이러한 그들에게 넘치는 사랑과 큰 역사를 베풀어 주셨습니다.

우리도 먼저 하나님 나라와 의를 구하며 살아가는 의인이 되면 하나님께서 영혼이 잘됨같이 범사가 잘되고 강건한 축복을 주십니다. 그러므로 모든 염려 근심 걱정을 벗어 버리고 먼저 믿음으로 하나님 나라와 의를 구하는 의인이 되어 이 땅에서 형통한 삶을 영위할 뿐 아니라 천국에서도 영생복락을 누리시기 바랍니다.

Chapter 11

믿음이 없이는 하나님을 기쁘시게 못하나니

믿음이 없이는 기쁘시게 못하나니 하나님께 나아가는 자는 반드시 그가 계신 것과 또한 그가 자기를 찾는 자들에게 상 주시는 이심을 믿어야 할지니라 **히브리서 11:6**

기본기란 어떤 일의 가장 기초가 되는 기술을 일컫는 말입니다. 학생이 좋은 성적을 내기 위해서는 벼락치기 하듯 한순간 몰아서 공부하는 것이 아니라 기초부터 꾸준히 공부해야 합니다. 이는 운동선수나 음악가들도 마찬가지입니다. 기본이 다져지지 않은 상태에서 더 나은 발전이란 생각하기 어렵지요. 이는 신앙 안에서도 마찬가지인데 신앙생활의 기초가 되는 것은 바로 믿음입니다. 예수 그리스도가 우리의 구세주가 되신다는 사실을 믿고 하나님이 만유의 주로서 세상을 창조하신 것을 믿는 것입니다.

⚜ 하나님을 기쁘시게 하는 믿음

운동선수 중에는 올림픽을 비롯한 세계 대회에서 금메달을 획득한 사람이 많습니다. 그들이 금메달리스트가 되기까지에는 혹독한 훈련이 따릅니다. 그 과정을 잘 인내하여 금메달을 땄을 때 본인은 물론, 가족이나 감독, 국민에게도 큰 기쁨이 되지요. 마찬가지로 신앙 안에서도 믿음의 훈련을 잘 마쳐 정금 같은 믿음을 소유하면 자신뿐 아니라 하나님께 큰 기쁨이 됩니다. 히브리서 11장 6절을 보면 "믿음이 없이는 기쁘시게 못하나니 하나님께 나아가는 자는 반드시 그가 계신 것과 또한 그가 자기를 찾는 자들에게 상 주시는 이심을 믿어야 할지니라" 권면합니다.

우리가 믿음으로 하나님을 기쁘시게 해 드리기 위해서는 무엇보다 하나님이 어떤 분이신지 아는 것이 중요합니다. 먼저, 하나님은 전지전능한 분으로 창조주이며 심판자이십니다. 학개 2장 8절을 보면 "은도 내 것이요 금도 내 것이니라" 하여 모든 것이 하나님의 것이라 말씀합니다. 또 역대상 29장 12절에는 "부와 귀가 주께로 말미암고 또 주는 만유의 주재가 되사 손에 권세와 능력이 있사오니 모든 자를 크게 하심과 강하게 하심이 주의 손에 있나이다" 하였습니다. 세상의 모든 것과 사람의 생사화복이 하나님 손에 달려 있으므로 하나님께서는 부귀를 주실 수도 있고, 권세자로 세우거나 폐할 수도 있습니다.

역대하 25장 8절에는 "하나님은 능히 돕기도 하시고 능히 패하게도 하시나이다" 했습니다. 하나님께서 함께하시면 불리한 전쟁에서도 크게 승리하는 것을 볼 수 있습니다. 기드온은 300명의 군사로 해변의 모래같이 많은 적군을 물리쳐 승리하였습니다. 믿음으로 하나님을 기쁘시게 하니 적의 내부에 자중지란이 일어나 싸우지 않고 승리한 경우도 있습니다. 바로 여호사밧 왕 때에 거룩한 옷을 입은 성가대를 군대 앞에 세워 하나님께 찬송을 올리니 하나님이 친히 싸워 이기게 해 주셨지요.

이처럼 하나님은 어떤 문제라도 해결하실 수 있습니다. 질병 치료는 물론, 사업이 위태해도 하나님 앞에 어떤 믿음을 내보이느냐에 따라 순식간에 형통케 하며 크게 일으키게 하실 수 있습니다. 불화한 가정이라도 화평하고 아름다운 가정으로 만들 수 있고 하나님을 믿는다 하여 핍박하던 배우자의 마음을 순간에 돌이키게 하실 수도 있습니다. 그러니 우리가 하나님을 어떻게 기쁘시게 해 드리느냐, 하나님 앞에 어떤 믿음을 내보이느냐에 따라 달라집니다. 모든 문제 해결의 열쇠는 바로 우리 자신에게 있는 것입니다.

예레미야 32장 17절에 "주께서 큰 능과 드신 팔로 천지를 지으셨사오니 주에게는 능치 못한 일이 없으시니이다" 하였습니다. 하나님께서는 우리에게 필요한 모든 것을 갖고 계십니다. 우리가 하나님을 기쁘게 해 드리면 모든 것을 다 주실 수 있는데 이때 요구하시는 것이 우리의 마음과 믿음입니다. 마음이 선하면 창조주 하나님에 대해 알려고 노력하고 하나님을 바로 알게 되면 믿을 것입니다. 믿음이 있으면 말씀에 순종하여 행함으로써 하나님을 기쁘시게 해 드릴 수 있습니다. 그러면 하나님께서 무엇이든 다 응답해 주십니다.

믿음으로 하나님을 기쁘시게 한 사람들

히브리서 11장 4절을 보면 "믿음으로 아벨은 가인보다 더 나은 제사를 하나님께 드림으로 의로운 자라 하시는 증거를 얻었으니" 했습니다. 창세기 4장 3~5절을 보면 하나님께서는 아벨이 양의 첫 새끼와 기름으로 드린 피의 제사는 열납하셨으나 가인이 땅의 소산으로 드린 제사와 제물은 열납하지 않으셨습니다. 하나님께서 원하시는 방법대로 순종하여 드릴 때라야 그 제사와 제물을 열납하시기 때문입니다.

구약 시대의 제사는 영적으로 오늘날의 예배와 같습니다. 즉 아벨의 제사와 같이 우리가 신령과 진정으로 예배드릴 때에 하나님께서 기뻐 받으신다는 의미가 됩니다. 하나님께서는 누가 하나님을 경외하여 신령과 진정으로 예배드리는지 감찰하며 그런 사람을 찾고 축복하십니다. 신령과 진정으로 예배할 때에 마음의 소원, 기도와 간구가 신속하게 응답되고 하늘나라에서도 그 축복이 임합니다.

히브리서 11장 5절에는 "믿음으로 에녹은 죽음을 보지 않고 옮기웠으니 하나님이 저를 옮기심으로 다시 보이지 아니하니라" 했습니다. 성경에는 에녹에 대한 기록이 많지 않지만 죽지 않고 산 채로 하늘나라로 옮기웠다 한 기록만 보아도 그가 얼마나 거룩한 삶을 살았을지 짐작할 수 있지요.

창세기 5장에 하나님께서 에녹과 300년간 동행하신 내용이 나옵니다. 에녹의 나이 65세부터 동행하셨는데 이는 그때에야 비로소 하나님께서 동행하실 수 있는 온전하고 깨끗한 그릇이 되었기 때문입니다. 에녹은 이 땅에 사는 동안 하나님과 동행하다가 하늘로 옮기기 전에 하나님을 기쁘시게 하는 자라 하는 증거를 받았습니다. 하나님은 빛이시요, 어둠이 조금도 없는 분이므로 그처럼 악을 벗고 진리 안에 사는 참 자녀를 원하시고 그와 동행해 주십니다.

히브리서 11장 7절에 "믿음으로 노아는 아직 보지 못하는 일에 경고하심을 받아 경외함으로 방주를 예비하여 그 집을 구원하였으니 이로 말미암아 세상을 정죄하고 믿음을 좇는 의의 후사가 되었느니라" 했습니다. 다른 사람들은 정욕과 쾌락을 좇아 먹고 마시고 취하며 시집가고 장가가는데 노아는 오랜 세월 인내하며 하나님 말씀대로 방주를 지었습니다. 비록 사람들이 비웃고 조롱하였지만, 노아는 하나님을 경외했기 때문에 경고의 말씀을 믿고 순종하여 방주를 예비한 것입니다. 그리하여 온 가족이 구원받을 수 있었습니다.

아브라함은 어떠했습니까? 히브리서 11장 8절에 보면 "믿음으로 아브라함은 부르심을 받았을 때에 순종하여 장래 기업으로 받을 땅에 나갈새 갈 바를 알지 못하고 나갔으며"라고 말씀합니다. 하나님께서 아브라함에게 "너는 너의 본토 친척 아비 집을 떠나 내가 네게 지시할 땅으로 가라" 하셨을 때 목적지를 알려 주신 것이 아닙니다. 그런데도 아브라함은 말씀에 순종하여 떠났습니다. 혈족 관계로 이루어진 고대 부족사회에서 본토 친척 아비 집을 떠난다는 것은 쉽지 않는 일입니다.

또한 "믿음으로 사라 자신도 나이 늙어 단산하였으나 잉태하는 힘을 얻었으니 이는 약속하신 이를 미쁘신 줄 앎이라 이러므로 죽은 자와 방불한 한 사람으로 말미암아 하늘에 허다한 별과 또 해변의 무수한 모래와 같이 많이 생육하였느니라" 했습니다.

사라처럼 잉태할 수 없는 사람이 하나님 능력으로 잉태하는 것은 성경에만 있는 일이 아닙니다. 히브리서 13장 8절에 "예수 그리스도는 어제나 오늘이나 영원토록 동일하시니라" 하신 것처럼 성경 말씀은 우리가 믿을 때에 어제나 오늘이나 동일하게 역사됩니다. 그러니 오늘날에도 믿음으로 하나님을 기쁘시게 하면 잉태의 축복을 받을 수 있습니다.

계속해서 "아브라함은 시험을 받을 때에 믿음으로 이삭을 드렸으니 저는 약속을 받은 자로되 그 독생자를 드렸느니라 저에게 이미 말씀하시기를 네 자손이라 칭할 자는 이삭으로 말미암으리라 하셨으니 저가 하나님이 능히 죽은 자 가운데서 다시 살리실 줄로 생각한지라 비유컨대 죽은 자 가운데서 도로 받은 것이니라" 했습니다.

아브라함이 나이 들어 자녀를 낳을 수 없을 때에 하나님께서는 그가 아들을 낳을 것을 말씀하셨습니다. 그 아들을 통해 후손이 뭇별과 같이, 모래알같이 많이 나올 것을 약속하셨습니다. 아브라함은 이를 믿었고 과연 백 세에 아들을 낳았습니다.

그런데 뜻밖에도 하나님께서는 아브라함에게 아들 이삭을 잡아 번제로 바치라고 하셨습니다. 백 세에 얻은 귀한 아들이지만 하나님을 첫째로 사랑한 아브라함은 그 말씀에도 순종합니다. 하나님은 능치 못할 일이 없으므로 다시 살려 주실 것을 믿었기 때문입니다. 많은 사람이 조그마한 시험이 와도 '난 이렇게 하나님 앞에 충성하고 기도했는데 왜 이런 시험이 오지?' 하며 이내 원망하고 탄식합니다. 믿음이 없기 때문입니다. 아브라함은 죽은 자도 살리시는 하나님을 믿는 큰 믿음으로 하나님을 기쁘시게 해 드렸기에 하나님의 벗이라 불릴 수 있었습니다.

모세는 어떤 믿음을 내보여 하나님을 기쁘시게 했습니까? 히브리서 11장 24~26절에 "믿음으로 모세는 장성하여 바로의 공주의 아들이라 칭함을 거절하고 도리어 하나님의 백성과 함께 고난받기를 잠시 죄악의 낙을 누리는 것보다 더 좋아하고 그리스도를 위하여 받는 능욕을 애굽의 모든 보화보다 더 큰 재물로 여겼으니 이는 상 주심을 바라봄이라" 했습니다.

모세가 애굽의 왕자로 계속 머물렀다면 호화로운 궁전에서 마음껏 영화와 권세를 누리며 살았을 것입니다. 그러나 그 죄악의 낙은 잠시 잠깐이고 결과는 영원한 지옥 불에 들어가는 것입니다. 모세는 과감히 왕자의 자리를 박차고 나와 믿음으로 고난받기를 즐거워하였습니다. 하나님을 섬기지 않는 애굽 나라의 왕자가 아니라 하나님의 백성과 함께 동고동락하는 길을 좇았습니다. 믿음이 있기 때문에 상주심을 바라보고 그 길을 갈 수 있었지요.

광야에서의 40년간 연단을 통해 온유함이 지면의 모든 사람보다 승하며 온 집에 충성하는 사람이 된 모세는 큰 기사와 표적을 나타냅니다. 애굽에 열 재앙을 내리고 홍해를 갈라 육지같이 건너며 사람이 상상할 수 없는 놀라운 일을 통해 하나님께 크게 영광을 돌렸습니다.

하나님은 이처럼 믿음의 사람들, 하나님을 기쁘시게 한 사람들을 높여 주십니다. 하나님께서는 왜 여호수아와 갈렙을 기뻐하였으며 가나안 땅에 들어가도록 축복하셨습니까? 이스라엘 온 백성이 가나안 거민을 두려워하여 모세를 원망할 때에 여호수아와 갈렙만은 '그들은 우리의 밥이라' 하며 담대한 믿음의 고백을 했기 때문입니다. 믿음 없는 눈으로 보면 그들의 고백은 이해할 수 없는 말입니다.

가나안 땅을 정탐하고 온 다른 열 정탐꾼은 어떻게 보고하였습니까? "우리는 능히 올라가서 그 백성을 치지 못하리라 그들은 우리보다 강하니라 … 우리가 두루 다니며 탐지한 땅은 그 거민을 삼키는 땅이요 거기서 본 모든 백성은 신장이 장대한 자들이며 거기서 또 네피림 후손 아낙 자손 대장부들을 보았나니 우리는 스스로 보기에도 메뚜기 같으니 그들의 보기에도 그와 같았을 것이니라"(민 13:31~33) 했습니다. 즉 건장하고 힘센 그들에 비하면 자신들은 메뚜기와 같이 왜소하여 상대가 안 된다는 것입니다.

열 정탐꾼의 보고에 백성은 술렁이기 시작했습니다. 온 백성은 소리 높여 부르짖으며 밤새 통곡했습니다. 절망하던 백성은 모세와 아론을 원망하며 괜히 애굽에서 나왔다고 분통을 터트립니다.

그들을 바라보는 여호수아와 갈렙은 마음이 불붙는 듯 답답했습니다. 자신들이 본 땅은 비옥한 땅이었습니다. 땅으로부터 충분한 영양을 공급받은 포도열매는 혼자 들기도 버거워 장정 두 사람이 막대에 꿰어 어깨에 메고 이동할 정도로 크고 탐스러웠습니다. 물론 여호수아와 갈렙의 눈에도 호전적이고 사나운 가나안 족속들이 보였을 것입니다. 그들 중에는 철병거를 가진 족속도 있었습니다. 애굽에서 나와 아무런 군사 훈련도 받지 못한 이스라엘 민족에 비한다면 가나안 거민들은 타고난 용사처럼 보였을 것입니다.

그러나 그들은 현실의 어려움이나 문제보다 큰 하나님의 능력을 보았습니다. 홍해를 가르고 불기둥과 구름기둥으로 자신들을 인도하신 하나님, 반석에서 물을 내어 수백만이 넘는 백성을 마시게 하신 하나님의 능력을 보았습니다. 하나님이 함께하시면, 하나님이 도와 주시면 아무리 철병거로 무장했다 해도 문제가 되지 않았습니다.

그들은 정녕 하나님에 대한 믿음이 있었기에 가나안 거민이 아무것도 아니라며 영적인 고백을 한 것입니다. 그래서 출애굽 당시 20세 이상으로 계수된 사람 중에서 여호수아와 갈렙만이 가나안 땅에 들어갈 수 있었습니다. 우리도 하나님을 바라보며 모든 것을 믿음으로 고백하고 기쁨과 감사함으로 기도해야 합니다. 그러면 하나님께서 믿음의 선진에게 응답한 것처럼 응답해 주십니다. 믿음으로 행군하면 무엇이든 응답받을 수 있기 때문에 안 될 것이 없습니다.

⚜ 믿음은 어떻게 오는 것인가

하나님 앞에 응답받고자 나오는 사람 중에 어떤 사람은 기도받고 단번에 낫는가 하면 어떤 사람은 믿음이 성장하는 만큼 문제가 해결됩니다. 어떤 사람은 1년, 2년, 10년이 가도 해결되지 않는 경우도 있습니다. 왜 그런 것일까요? 하나님께서는 중심을 보시기 때문입니다. 만약 하나님의 역사로 치료받은 뒤에 변치 않고 영광 돌릴 수 있는 중심이라면 아직은 믿음이 없다 해도 치료해 주십니다. 이러한 체험을 통해 믿음이 성장하기 때문이지요.

그러나 대부분의 사람은 믿음이 성장하고 얼마나 정성을 내보여 행하느냐에 따라 치료받습니다. 여기서 행한다는 것은 얼마나 신령과 진정으로 예배하고 얼마나 말씀에 순종하며 얼마나 믿음을 가졌느냐 하는 것입니다. 이를 통해 하나님을 기쁘시게 할 때 하나님의 역사가 따릅니다.

나아가 인간적인 생각으로는 도무지 불가능한 어려운 일, 즉 눈먼 사람이 눈을 뜨고 말 못하는 사람이 말을 하며 걷지 못하던 사람이 일어나 걷고 귀신이 나가는 역사를 체험하기 위해서는 그 이상의 행함이 필요합니다. 참으로 하나님께서 기뻐하실 수 있는 행함과 정성과 중심, 그리고 사랑과 헌신과 하나님을 감동시키는 믿음이 필요합니다.

그러면 믿음은 어떻게 오는 것일까요? 의롭고 선한 마음이 있는 사람에게 믿음이 옵니다. 비진리와 악의 모습을 벗고 진리를 좇는 만큼 하나님과 하나 되고, 하나 되는 만큼 하나님께서 영적인 믿음을 주십니다. 처음에는 하나님 말씀을 들어서 아는 육적인 믿음을 소유하는데 이것은 응답받을 수 있는 믿음이 아닙니다. 하지만 믿음은 들음에서 난다고 했으니 우선 하나님 말씀을 열심히 보고 듣고 배워야 합니다. 이렇게 배운 것을 지식으로 아는 데 그치는 것이 아니라 그 말씀을 행해 나갈 때 하나님께서 응답받을 수 있는 영적인 믿음을 주십니다.

그러므로 지금 자신에게 어떤 문제가 있다 해도 염려할 것이 없습니다. 기도하는가, 날마다 하나님 말씀대로 살기 위해 노력하는가, 하나님을 의지하며 기쁘시게 하는가에 따라 언제든지 하나님의 역사를 체험할 수 있습니다. 우리가 믿음으로 행군할 때에 하나님께서 기뻐하며 지켜 주시고 합력하여 선을 이루시며 응답으로 축복하십니다. 좌우로 치우치지 않고 흔들리지 않는 믿음, 더 큰 믿음이 되도록 기도하여 하나님을 기쁘시게 함으로 먹으나 마시나 무엇을 하든지 하나님께 영광 돌리시기 바랍니다.

Chapter 12

저희의 믿음을 보시고

수일 후에 예수께서 다시 가버나움에 들어가시니 집에 계신 소문이 들린지라 많은 사람이 모여서 문 앞에라도 용신할 수 없게 되었는데 예수께서 저희에게 도를 말씀하시더니 사람들이 한 중풍병자를 네 사람에게 메워 가지고 예수께로 올새 무리를 인하여 예수께 데려갈 수 없으므로 그 계신 곳의 지붕을 뜯어 구멍을 내고 중풍병자의 누운 상을 달아 내리니 예수께서 저희의 믿음을 보시고 중풍병자에게 이르시되 소자야 네 죄 사함을 받았느니라 하시니 **마가복음 2:1~5**

향기가 있는 꽃에는 벌과 나비가 몰려듭니다. 사람들 중에도 이러한 꽃처럼 아름다운 향으로 주변 사람들을 모이게 만드는 사람이 있습니다. 예로부터 존경받는 의인은 의로운 행함과 내면에서 우러나는 선의 향기로 많은 사람에게 진한 감동과 여운을 주어 오래도록 삶에 아름다운 영향을 끼칩니다. 반대로 악인은 두고두고 부끄

러운 이름으로 남아 뭇사람의 입에 오르내리지요. 이는 우리나라의 역사적 인물을 보아도 알 수 있고, 성경에서도 구체적인 예를 찾아볼 수 있습니다.

의인과 악인의 죽음에 대한 사람들의 반응

조선시대 선조 31년 때의 일입니다. 노량 앞바다에서 조선 수군과 명나라 수군이 연합하여 일본 수군의 배 수백 척을 격침시킬 즈음 명나라 제독 진린의 배가 일본군에 에워싸여 위급한 상황에 처했습니다. 이순신 장군의 배가 돌진하여 이를 구해내는 순간, 일본 수군의 유탄이 장군의 가슴을 꿰뚫었습니다. 하지만 그는 자신의 죽음을 알리지 않도록 하고 조카 완이 대신 수기를 들고 싸움을 독려하게 하였습니다.

싸움에 승리한 뒤 감사의 표시를 하기 위해 이순신 장군의 배에 올라서야 진린은 장군의 죽음을 알게 됩니다. 진린은 통곡하였고 그 소식이 알려지자 조선 수군은 물론 명나라 수군까지도 호곡하였는데 그 소리가 바다를 뒤덮었다고 합니다. 군량을 바다에 던지고 단식하면서까지 그의 죽음을 슬퍼했습니다. 또한 그의 상여가 지나갈 때에는 백성의 곡성이 그치지 않았고 애도의 발길이 끝없이 이어졌다고 합니다.

그는 인품이 봄바람같이 따뜻하면서도 명령은 추상같이 엄하여 인심이 모두 따르고, 병사들이 어버이처럼 섬기며 그의 명령에 죽음도 두려워하지 않았습니다. 나라를 위한 지극한 충성심과 숭고한 인격, 위대한 통솔력, 신묘한 전략 등은 세계 해전 사상 그 유례가 드물 정도입니다.

성경에도 위대한 사람이 죽었을 때 많은 사람이 슬퍼하는 장면이 나옵니다. 모세가 죽었을 때에 어떠했습니까? 신명기 34장 8절 이하에 "이스라엘 자손이 모압 평지에서 애곡하는 기한이 맞도록 모세를 위하여 삼십 일을 애곡하니라 그 후에는 이스라엘에 모세와 같은 선지자가 일어나지 못하였나니 모세는 여호와께서 대면하여 아시던 자요 여호와께서 그를 애굽 땅에 보내사 바로와 그 모든 신하와 그 온 땅에 모든 이적과 기사와 모든 큰 권능과 위엄을 행하게 하시매 온 이스라엘 목전에서 그것을 행한 자더라" 했습니다.

또 이스라엘의 큰 선지자 엘리사가 죽을 때에는 열왕기하 13장 14절에 "이스라엘 왕 요아스가 저에게로 내려가서 그 얼굴에 눈물을 흘리며 가로되 내 아버지여 내 아버지여 이스라엘의 병거와 마병이여" 했다 했습니다.

반대로 악인의 죽음은 어떠합니까? 제2차 세계 대전을 일으켜 무수한 사람을 죽음으로 내몬 아돌프 히틀러는 전쟁이 불리해지자 스스로 목숨을 끊었습니다. 그의 죽음은 전쟁의 종식을 의미했으니 얼마나 많은 사람이 환호했겠습니까.

성경에도 이와 같은 인물이 있습니다. 바로 아합의 아내 이세벨입니다. 이세벨은 이스라엘과 이웃한 시돈 왕의 딸입니다. 북왕국 이스라엘로 시집온 그녀는 왕과 백성들을 우상 숭배로 물들게 했을 뿐만 아니라 하나님의 선지자들을 죽이는 데 앞장서는 등 온갖 악을 자행했습니다. 한번은 아합이 나봇의 포도원을 갖지 못해 고민할 때에 거짓 증인을 세우고 성의 유력한 사람을 매수하여 무죄한 사람을 죽이기까지 했습니다.

악행을 거듭한 그녀는 결국 어떻게 되었습니까? 예후가 반란을 일으켰을 때에 이세벨은 자기 신하들의 손에 의해 창밖으로 던져지는 비참한 최후를 맞았습니다. 그의 시체를 개들이 먹으므로 장사조차 지낼 수 없었지요. 악인에게 힘이 있을 때에는 사람들이 가까이 오는 듯하지만 결국 힘이 사라지면 모두가 등을 돌리고 떠나 버립니다. 그의 죽음을 슬퍼하는 사람도 없지요.

⚜ 중풍환자를 예수님 앞으로 데려온 네 친구

성경을 보면 주변 사람의 도움으로 새로운 인생을 살게 된 사람이 나옵니다. 가버나움에 살던 중풍환자로서 사실 그가 예수님께 나간다는 것은 불가능한 일이었습니다. 그런 그가 예수님께 나아갈 수 있었던 것은 전적으로 친구들의 도움 때문이었지요. 그의 아픔을 자신의 아픔처럼 생각하는 친구들이 있었던 것을 미루어 보아 평소 그가 얼마나 선했고 다른 사람의 마음을 얻었는지 알 수 있습니다.

그는 중풍이 심하여 전혀 거동할 수 없었고 자신의 힘으로 할 수 있는 일이 없으니 참으로 구차한 삶을 살고 있었습니다. 어느 날 그는 예수님의 소문을 듣게 됩니다. 눈먼 사람의 눈을 뜨게 하고 앉은뱅이를 일으키며 귀신을 쫓아낼 뿐만 아니라 갖가지 병든 사람을 치료해 준다는 것입니다. 그는 마음이 선했기 때문에 소문을 그대로 믿었고 그때부터 예수님을 만나고 싶다는 간절한 소망을 가졌습니다.

그러던 어느 날 중풍환자는 그렇게 사모하던 예수님이 가버나움에 오셨다는 소식을 접했습니다. 중풍환자의 마음이 얼마나 기뻤겠습니까? 그는 병이 중하여 움직일 수 없으니 자기를 도와 줄 친구들을 찾았습니다. 다행히 친구들은 믿음과 사랑이 있었기 때문에 자기를 그분 앞으로 인도해 달라는 중풍환자의 부탁을 선뜻 들어 주었습니다. 그들은 중풍환자를 들것에 실어 예수님께 나아갑니다. 그러나 정작 예수님이 계신 곳에 와 보니 너무나 많은 사람이 몰려 있어 헤치고 들어갈 틈조차 없었습니다.

생각 끝에 그들은 지붕으로 올라갔습니다. 그리고는 구멍을 뚫어 중풍환자가 누운 침상을 끈으로 매달아 예수님 앞으로 내렸습니다. 드디어 중풍환자는 그토록 사모하는 예수님을 뵙게 되었습니다. 예수님은 믿음으로 나오는 사람의 죄를 용서하고 모든 인생의 문제를 해결해 주실 수 있는 능력과 권세가 있는 분입니다. 예수님께서는 이들의 믿음과 정성을 보고 중풍환자를 즉시 깨끗하게 치료해 주셨습니다.

⚜ 저희의 믿음을 보시고

과연 중풍환자와 같이 응답받을 수 있는 믿음은 무엇일까요? 예수님께서 "네 믿은 대로 될지어다"(마 8:13) 말씀하셨으니 누구든지 믿음을 갖고 기도하면 응답을 받을 수 있습니다. 만일 응답받지 못했다면 이는 하나님께서 약속을 지키지 않은 것이 아니라 자신이 응답받을 만한 믿음을 내보이지 못한 것임을 알아야 합니다.

응답받을 수 있는 믿음은 바로 영적인 믿음입니다. 하나님 말씀을 들어서 아는 지식적인 믿음, 곧 육적 믿음으로는 응답받지 못합니다. 그렇다면 지식적인 믿음을 응답받을 수 있는 영적인 믿음으로 바꾸기 위해서는 어떻게 해야 합니까? 믿음의 행함을 내보여야 합니다. 행함이 없는 믿음은 죽은 믿음이요, 입술로만 '믿습니다' 고백하고 행함이 뒤따르지 않는다면 이는 거짓말하는 것이라고 성경 곳곳에 말씀하십니다.

예를 들어, 주일에 교회에 나오지 않고 오락을 취하면서 "주여, 믿습니다. 예수님이 우리의 구세주가 되시고 천국과 지옥이 있음을 믿습니다." 한다면 하나님께서 어떻게 말씀하실까요? 요한일서 2장 4절에 "저를 아노라 하고 그의 계명을 지키지 아니하는 자는 거짓말하는 자요 진리가 그 속에 있지 아니하되"라고 말씀하셨습니다.

심판이 있고 천국과 지옥이 있음을 정녕 믿는다면, 우리를 위해 독생자까지 주신 하나님의 사랑을 안다면 당연히 하나님을 경외하고 말씀대로 행할 것입니다. 하나님께서는 그러한 행함을 보고 '네가 나를 믿는구나' 인정하며 응답하십니다.

믿음의 받침대는 진실한 행함

만일 중풍환자가 집 안에 가만히 누워서 "주여, 믿습니다. 주님께서는 전지전능하시니 제가 여기 누워 있어도 치료해 주실 것을 믿습니다." 고백했다면 치료가 됐을까요? 그것은 믿음을 내보인 것이 아니므로 치료의 역사가 나타나지 않습니다. 중풍환자는 치료받기 위해 힘을 다하여 예수님께 나아갔습니다. 예수님을 만나기만 하면 치료받을 수 있다는 믿음과 확신이 있었기 때문에 친구들에게 부탁하여 불편한 몸으로 예수님을 찾아간 것입니다. 그의 친구들도 믿음이 있기 때문에 지붕까지 뜯어가며 수고할 수 있었습니다. 예수님께서는 그러한 믿음의 행함을 보고 응답하셨습니다.

우리도 하나님 앞에 믿음을 내보여야 합니다. 즉 응답받고 문제를 해결받기 위해, 믿음의 받침대를 세워야 하는 것입니다. 집을 짓고자 할 때 "집이 지어질 줄 믿습니다!" 한다 해서 집이 지어지지는 않습니다. 땅을 파고 주춧돌을 놓고 기둥도 세워야 합니다. 마찬가지로 우리도 하나님 앞에 구체적인 행함을 통해 믿음의 받침대를 세워 놓을 때에 하나님께서 그것을 보고 영적 믿음을 주며 응답하십니다. 내가 지식적으로 믿은 것을 눈에 보이도록 하나님 앞에 행하는 것이,

믿음의 받침대를 세우는 것입니다.

중풍환자와 친구들은 단순히 예수님 앞에 간 것으로 그친 것이 아닙니다. 그들은 적극적인 행함이 있었습니다. 예수님이 계신 집에는 인산인해를 이루고 있어서 도저히 뚫고 들어갈 수 없었습니다. 결국 그들은 지붕에 구멍을 내는 방법을 선택합니다. 그것을 보고 많은 사람이 소리치며 책망했을 수도 있습니다. 그럼에도 그들은 믿음이 있기에 멈추지 않고 지붕에 구멍을 내 중풍환자를 예수님 앞에 내려놓았습니다.

이처럼 믿음에는 행함이 따르며, 그 행함은 진실로 겸비하게 낮아졌을 때 나타낼 수 있습니다. 혹시 아플 때 "마음은 가고 싶지만 몸이 아파 교회에 못 나갑니다." 하진 않았는지요? 그러나 이런 경우라도 생사화복을 주관하시는 하나님 앞에 예배드림으로써 믿음을 내보일 때 역사해 주십니다.

어떤 사람은 초신자인데도 하나님 앞에 믿음을 내보이는 반면 어떤 사람은 신앙생활을 몇 년 했는데도 믿음을 내보이지 못합니다. 예전에 어떤 초신자가, 손가락 잘린 어린 아이를 데리고 기도받으러 온 적이 있습니다. 손가락 끝이 대각선으로 잘려 나가 손톱은 아예 없었습니다. 아이의 어머니는 초신자이고 아버지는 믿지 않았는데 부부가 같이 와서 기도를 받고 돌아갔습니다. 그 후 아이의 손가락이 곪지도 않고 잘 낫고 있다며 감사 인사를 하는 것을 보았습니다.

또 연로하신 성도 한 분이 갑자기 아파서 병원에 갔더니 암이라는 진단이 나왔습니다. 체중이 급속히 감소하였고 병원에서는 나을 가망이 없으니 임종을 준비하라는 말을 가족에게 전하였습니다. 자녀들은 그 사실을 숨기며 전전긍긍하다 결국 본인에게 알려주었습니다. 그러자 환자는 하나님께서 무엇이든 하실 수 있다는 믿음으로 기도를 받았습니다. 그동안 올바로 신앙생활하지 못한 것을 철저히 회개하고 열심히 예배에 참석하며 철야기도를 했는데 얼마 지나지 않아 고통이 사라지고 건강을 되찾아 하나님께 영광 돌렸지요.

네 죄 사함을 받았느니라

믿음은 행함이 동반되는 것입니다. 우리가 정녕 믿는다면 하나님 앞에 어떤 자세로 나와야 하는지 알게 됩니다. 교회에 나오면 하나님은 어떤 분이시고 믿음이 무엇이며, 어떻게 해야 천국에 가고 하나님의 뜻은 무엇인지 듣고 배워 압니다. 그것을 믿는다면 이제 말씀대로 행해야 합니다. 이렇게 믿음의 받침대를 만들어 놓았을 때, 하나님께서는 죄의 문제를 해결할 수 있도록 길을 열어 주십니다. 마가복음 2장 5절을 보면 "저희의 믿음을 보시고 중풍병자에게 이르시되 소자야 네 죄 사함을 받았느니라" 말씀했습니다. 치료받기 위해서는 먼저 죄를 용서받아야 하기 때문입니다.

로마서 6장 23절에 '죄의 삯은 사망이라' 했습니다. 또 모든 질병이 죄 때문에 온다는 사실을 성경은 말씀합니다. 출애굽기 15장 26절에 "너희가 너희 하나님 나 여호와의 말을 청종하고 나의 보기에 의를 행하며 내 계명에 귀를 기울이며 내 모든 규례를 지키면 내가 애굽 사람에게 내린 모든 질병의 하나도 너희에게 내리지 아니하리니 나는 너희를 치료하는 여호와임이니라" 했고, 신명기 28장에도 하나님 말씀대로 순종하고 지켜 행하면 어떤 질병도 틈타지 않는다 했습니다.

요한복음 5장에도 예수님께서 38년 된 병자를 치료한 뒤 "더 심한 것이 생기지 않게 다시는 죄를 범치 말라" 말씀하십니다. 이러한 말씀을 통하여 모든 병이 죄로 인해 온다는 것을 분명히 알 수 있습니다. 그렇기 때문에 예수님이 중풍환자를 치료하실 때에 먼저 죄를 용서해 주신 것입니다.

그러나 예수님 앞에 가기만 하면 무조건 죄를 용서받는 것은 아닙니다. 회개하고 돌이킨 사람에게만 주시는 것입니다. 통회자복하고, 불의를 행하던 사람이 불의를 행치 않는 사람으로, 미워하던 사람이 미워하지 않는 사람으로 변화해야 합니다. 하나님께서 하지 말라고 한 것은 하지 않고 하라 하신 말씀에 순종해 나가야 합니다. 이렇게 내 안의 불의, 비진리를 다 버리면 어둠이 물러가고 성결되어 주님을 닮아갑니다. 즉 하나님이 원하시는 아들 딸이 되는 것이며, 이럴 때 죄를 용서받습니다.

요한일서 1장 7절에 "저가 빛 가운데 계신 것같이 우리도 빛 가운데 행하면 우리가 서로 사귐이 있고 그 아들 예수의 피가 우리를 모든 죄에서 깨끗하게 하실 것이요" 말씀했습니다. 불의와 어둠, 악에서 돌이켜 의와 빛, 선 가운데로 나올 때 주님의 보혈이 우리를 씻어 죄 없다 하시는 것입니다.

그럼 죄 사함을 받은 중풍환자는 어떻게 되었을까요? 마가복음 2장 12절에 "중풍병자가 일어나 자기 누운 상을 들고 갔다" 했습니다. 예수님께 올 때에는 들것에 실려 왔는데 죄를 용서받고 치료되니 곧 자기가 실려왔던 들것을 들고 걸어서 집으로 간 것입니다. 예수님은 이들의 믿음을 보고 응답해 주셨습니다. 이처럼 우리의 믿음을 보시는 하나님 앞에 믿음의 받침대를 세우는 그때가 바로 응답의 때입니다. 지금 통회자복하고 하나님 보시기에 변치 않는 믿음의 받침대를 내보인다면 즉시 하나님의 역사가 나타나고 응답이 됩니다.

죽은 사람이 살아난 경우

예수님께서 나인 성으로 가실 때에 장례 행렬이 성에서 나왔습니다. 성 안에 사는 어느 과부의 외아들이 죽은 것입니다. 예수님께서는 하염없이 통곡하는 과부를 불쌍히 여기고 청년을 다시 살려 주셨습니다(눅 7:11~16). 어려운 여건에서 기른 사랑스러운 독자를 잃었으니 과부의 답답함과 곤고함이 어떠했겠습니까? 여인은 아들을 다시 살려 준다면 자신의 생명이라도 주고 싶은 심정이었을 것입니다. 만약 그렇게 해 주는 사람이 있다면 여인은 생명 다해 충성하며 변함없이 좇을 중심임을 아시기에 예수님께서 소원을 들어 주신 것입니다.

욥바에 사는 여제자 다비다는 어떠하였습니까? 그가 죽자 생전에 그에게 은혜를 입은 사람들이 룻다에 있는 베드로에게 사람을 보내 지체 말고 올 것을 간청하였습니다. 베드로가 도착하니 모든 과부가 그 곁에 서서 울며 다비다가 저희와 함께 있을 때 지어 준 옷가지를 다 내보였습니다. 자신의 안락을 누리지 않고 많은 사람을 위해 헌신적인 삶을 살았던 다비다의 행함에 감동을 받은 베드로가 기도하자 하나님께서는 그녀를 다시 살려 주셨습니다(행 9:36~40).

하나님께서는 왜 이런 은혜를 베푸셨습니까? 여인의 행함이 참으로 아름답고 은혜로웠기 때문입니다. 당시는 기독교인이 심히 핍박받던 시기입니다. 그런데도 다비다는 믿음이 있었기에 주변 사람들의 시선을 두려워하지 않고 그리스도인들을 돕는 큰 믿음의 행함을 나타냈습니다.

⚜ 의인은 믿음으로 살리라

의인은 모든 사람에게 사랑을 받고 존귀하게 여김 받습니다. 그래서 네 친구가 중풍환자의 부탁을 기꺼이 들어준 것처럼 모든 사람이 그를 위해 의를 나타내 보여 주는 것입니다. 이 말씀을 통해 무엇을 깨우쳐야 하겠습니까?

첫째, 의인에게는 모든 사람의 마음을 얻는 후덕함이 있다는 점입니다. 성경에 나오는 아브라함이나 다니엘, 요셉, 룻 같은 이들도 얼마나 많은 사람에게 은혜와 덕을 끼쳤습니까? 욥에게도 많은 친구가 있었습니다. 비록 변론으로 끝나고 말았지만 친구들은 욥이 곤경에 처했다는 소식을 듣고 찾아와 같이 염려하며 권면하였습니다. 그들이 그만큼 욥에게 입은 은혜가 있고 그를 사랑했기 때문입니다.

욥기 2장 12~13절을 보면 그 상황이 잘 나와 있지요. "눈을 들어 멀리 보매 그 욥인 줄 알기 어렵게 되었으므로 그들이 일제히 소리 질러 울며 각각 자기의 겉옷을 찢고 하늘을 향하여 티끌을 날려 자기 머리에 뿌리고 칠일 칠야를 그와 함께 땅에 앉았으나 욥의 곤고함이 심함을 보는 고로 그에게 한 말도 하는 자가 없었더라" 물론 그들이 욥을 위한다면서 그를 깨우치려 한 것이 사람의 생각이고 자기 보기에 의였기 때문에 변론이 일어났지만 처음부터 그런 동기를 가지고 했던 것은 아닙니다.

내가 의인인지 아닌지 스스로 분별해 보시기 바랍니다. 의인이라면 많은 사람이 존경하고 사랑하고 따를 것입니다. 교회에서는 믿음의 형제들이, 가정에서는 가족이, 또 일가친척과 이웃이 따릅니다. 의인이 되어 그리스도의 향기를 발하는데 어찌 사랑과 존경을 받지 않겠는지요. 하나님께서도 당연히 그러한 의인을 축복하십니다.

둘째, 의인에게는 믿음의 행함이 있다는 점입니다. 마음이 선하고 의로운 사람은 친구가 죽어가거나 어려움에 처할 때에 믿음으로 구제하고 도우며 끝까지 하나님의 뜻을 좇아 행합니다. 중풍환자의 친구들도 이런저런 생각을 동원하지 않고 믿음으로 친구를 살릴 방법을 강구하였습니다. 자신의 생각이나 어떤 한계에 머물러 있지 않았지요.

이처럼 믿음의 행함을 내보일 때 하나님께서는 그 믿음과 정성을 보고 분명히 역사하여 불가능한 것까지라도 가능케 하십니다. '저희의 믿음을 보시고'라고 하신 대로 하나님께서는 우리의 믿음을 보고 역사하시니 오직 믿음으로 행하는 의인이 되어 항상 하나님께 영광 돌리시기 바랍니다.

Chapter 13

믿음을 지켰으니

> 내가 선한 싸움을 싸우고 나의 달려갈 길을 마치고 믿음을 지켰으니 이제 후로는 나를 위하여 의의 면류관이 예비되었으므로 주 곧 의로우신 재판장이 그날에 내게 주실 것이니 내게만 아니라 주의 나타나심을 사모하는 모든 자에게니라 **디모데후서 4:7~8**

약속을 잘 지키는 사람은 주변으로부터 믿을 만한 사람이라는 인정을 받지만 그렇지 못한 사람은 신뢰를 잃어 성공적인 삶을 영위하기가 어렵습니다. 비단 다른 사람과의 약속뿐만 아니라 자신과의 약속을 지키는 것도 참으로 중요합니다. 대개 자신이 밖으로 낸 말에 대해서는 어느 정도 책임의식을 갖는 사람이라도 마음에 결심한 바는 차일피일 미루며 더디 행하고, 아예 잊어버리는 경우도 많습니다. 그러나 참으로 진실한 사람은 자신과의 약속도 반드시 지켜 행하며, 신앙 안에서도 자신의 마음을 잘 지키므로 하나님의 사랑을 받습니다.

⚜ 진정 하나님을 경외하는 사람은

예수님의 수제자 베드로는 예수님께 "다 주를 버릴지라도 나는 언제든지 버리지 않겠나이다" 고백하였습니다. 그러나 막상 예수님께서 잡히자 두려움에 사로잡혀 예수님을 모른다고 세 번이나 부인하고 말았습니다. 이미 그리 될 것을 아신 예수님이 "시험에 들지 않게 깨어 있어 기도하라" 하셨으나 베드로는 기도하지 못했고, 믿음을 지키지도 못했던 것입니다(마 26:33~41). 그러나 그것은 베드로가 성령받기 이전의 일입니다. 성령받은 뒤에는 십자가에 거꾸로 순교하기까지 믿음을 저버리지 않는 신실한 일꾼이 되었지요.

하나님의 거룩한 자녀는 자신의 말을 지킬 줄 알아야 합니다. 진정 하나님을 경외하는 사람은 어떤 어려움이 있다 해도 약속을 지킵니다. 하나님과의 약속은 물론, 믿음의 형제나 믿지 않는 사람과의 약속, 자기 자신과의 약속까지도 반드시 지키지요. 또한 어떤 어려움이 있다 해도 믿음을 지켜 나갑니다.

사사기에 나오는 길르앗 사람 입다는 암몬 족속과 전쟁하기 전에 하나님께 이스라엘의 승리를 구하며 서원기도를 드립니다. "주께서 과연 암몬 자손을 내 손에 붙이시면 내가 암몬 자손에게서 평안히 돌아올 때에 누구든지 내 집 문에서 나와서 나를 영접하는 그는 여호와께 돌릴 것이니 내가 그를 번제로 드리겠나이다"(삿 11:30~31)

이 기도를 들으신 하나님께서는 이스라엘이 큰 승리를 거두게 하셨고 입다는 평안히 집으로 돌아갑니다. 그런데 입다를 가장 먼저 맞이한 사람은 다름 아닌 그의 무남독녀 외동딸이었습니다. 입다는 하늘이 무너지는 듯한 고통을 느꼈지만 딸의 생명보다 하나님과의 약속이 더 중요했기에 서원을 그대로 이행합니다. 입다의 딸 역시 아버지의 말씀에 따라 기꺼이 자신을 헌신하지요. 하나님께서는 입다가 어떠한 상황에서도 서원을 지킬 수 있는 중심임을 보시고 응답하신 것입니다.

그런데 사람들은 "하나님은 전지전능하십니다. 염려하지 말고 믿고 의지하면 됩니다." 혹은 "하나님은 무슨 질병이나 다 치료하실 수 있습니다."라고 말합니다. 또 "하나님 말씀에 항상 기뻐하라, 쉬지 말고 기도하라, 범사에 감사하라 하셨으니 그렇게 하세요. 그러면 문제가 해결될 것입니다."라고 말씀을 인용하여 가르칩니다. 그러나 막상 어려운 문제가 닥치면 자신의 말과 달리 믿음을 지키지 못하는 경우가 많습니다.

⚜ 믿음을 굳게 지킨 사도 바울

믿음을 지킨다는 것은 참으로 중요합니다. 믿음이 있어야 구원을 받아 천국에 가고, 응답받아 축복된 삶을 영위하며, 소망 가운데 헌신할 수 있습니다. 성경에 나오는 믿음의 사람들은 어떠한 경우에도 믿음을 지킴으로써 하나님을 뜨겁게 사랑하고 변함없이 사명을 감당했습니다. 대표적인 예로 사도 바울이 있습니다.

사도 바울은 바리새파에 속한 철저한 유대교도로서 당대 최고의 교법사인 가말리엘 문하에서 엄격한 교육을 받은 장래가 촉망되는 젊은이였습니다. 하나님을 사랑한 그는 예수 그리스도를 믿는 사람들을 이단으로 규정하고 심하게 핍박했습니다. 그런 그가 주님을 만난 후 얼마나 주님을 사랑하는 사람으로 변모했는지 로마서 8장 35~39절에 '환난이나 곤고나 핍박이나 기근이나 적신이나 위험이나 칼이나 사망이나 생명이나 천사들이나 권세자들이나 현재 일이나 장래 일이나 능력이나 높음이나 깊음이나 다른 아무 피조물이라도 우리를 우리 주 그리스도 예수 안에 있는 하나님의 사랑에서 끊을 수 없다' 고 고백합니다.

사도 바울은 그리스도 예수를 아는 지식이 가장 고상함을 알고서는 무엇이든 자기에게 유익하던 것을 다 해로 여기고, 또한 주를 위하여 모든 것을 잃어버리고 배설물로 여기는 사람이 되었습니다. 자신의 고백대로 하나님께서 가라 하시면 어디든 가는 열정적인 복음 전도자가 되었습니다. 복음을 위해 옥에 갇히고 매도 수없이 맞고, 여러 번 죽을 뻔하는 위험한 고비를 넘기면서도 변함없이 믿음을 지켰지요. 그러면서도 "내가 복음을 전할지라도 자랑할 것이 없음은 내가 부득불 할 일임이라 만일 복음을 전하지 아니하면 내게 화가 있을 것임이로라"(고전 9:16) 고백합니다.

우리는 어떻게 해야 사도 바울과 같이 믿음으로 자신을 지킬 수 있을까요? 먼저 진리를 지키기 위해 선한 싸움을 하는 사람이 되어야 합니다. 선한 싸움이란 곧 죄를 버리고 의인 된 삶을 영위하기 위하여 노력하는 것입니다. 선한 싸움에 승리하는 만큼 하나님 말씀대로 살게 되며, 하나님의 성품을 닮고 진리의 마음으로 변화됩니다. 그러면 당연히 하나님의 사랑을 받을 수 있습니다.

선한 싸움에서 이기기 위해서는 무엇보다 먼저 죄를 버려야 합니다. 하나님께서는 히브리서 12장 4절에서 "너희가 죄와 싸우되 아직 피 흘리기까지는 대항치 아니하고"라고 하시면서 죄를 피 흘리기까지 싸워 버려야 함을 말씀하셨습니다. 또한 데살로니가전서 5장 22절에 "악은 모든 모양이라도 버리라" 하셨으니 우리는 하나님의 자녀로서 아무리 작은 악이라도 용납지 말아야 합니다.

사람에게는 태어나면서부터 부모의 기를 통해 이어받은 원죄가 있고, 세상을 살아가면서 짓는 자범죄가 있습니다. 죄인인 사람이 예수 그리스도를 영접하면 하나님께서는 모든 죄를 용서하시고 성령을 선물로 주시며 값없이 의롭다 칭하십니다. 그러나 주님을 영접하여 성령을 받았다 해서 이전에 지녔던 구습이나 죄성이 단번에 없어지는 것은 아닙니다. 따라서 이때부터 죄를 버리기 위한 본격적인 싸움을 해야 하는 것입니다.

요한일서 3장 4절에 기록된 대로 죄는 불법으로서 하나님의 법에 어긋난 것입니다. 죄는 크게 행위로 나타나는 육체의 일과 마음이나 생각 속에 잠재된 육신의 일로 구분할 수 있습니다. 다시 말해 육체의 일은 마음에 있는 죄성, 곧 육신의 일을 실제 행동으로 나타낸 것을 말합니다. 사소한 일로 다투고 짜증내는 것부터 살인, 방화, 절도, 음행 등 현저한 육체의 일까지 다양합니다.

반면 육신의 일이란 시기, 질투, 미움, 교만 등 아직 행하지는 않았으나 행위로 유발될 수 있는 죄의 속성입니다. 예를 들어 가인이 하나님께서 아벨의 제사만 열납하시자 동생을 시기한 것은 육신의 일입니다. 시기라는 육신의 일이 있으니 나중에는 살인이라는 실제적인 행함, 곧 육체의 일로 나왔습니다. 이렇게 아직 행함으로 나타나지는 않았다 해도 마음속에 육신의 일이 남아 있는 한 언제든지 육체의 일로 나타날 수 있기 때문에 하나님께서는 이 모든 것을 죄라고 하십니다.

로마서 13장 14절에 "오직 주 예수 그리스도로 옷 입고 정욕을 위하여 육신의 일을 도모하지 말라" 권면하셨고, 갈라디아서 5장 19절 이하에서는 "육체의 일은 현저하니 곧 음행과 더러운 것과 호색과 우상숭배와 술수와 원수를 맺는 것과 분쟁과 시기와 분냄과 당 짓는 것과 분리함과 이단과 … 이런 일을 하는 자들은 하나님의 나라를 유업으로 받지 못할 것이요"라고 말씀하셨습니다. 따라서 행함으로 짓는 육체의 일을 버릴 뿐 아니라 모든 행동은 마음에서 비롯되므로 마음 안에 있는 육신의 일까지 다 버려야 합니다. 그러면 어떻게 해야 육신의 일을 버릴 수 있을까요?

예수 그리스도를 영접하여 성령을 받으면 아담의 범죄로 죽은 영이 살아납니다. 이때 갓 태어난 영은 기도를 통해 호흡하며 하나님 말씀을 먹고 자라납니다. 하나님 말씀을 듣고 기도하며 행하는 만큼 죄를 버리고 점점 진리로 채워지며 믿음이 성장합니다. 그런데 이때부터 내부에서 두 마음이 싸움을 시작합니다. 즉 성령은 하나님 말씀대로 살도록 진리의 마음을 주관하는 반면에 원수 마귀 사단은 비진리를 좇아 살도록 비진리의 마음을 주관하지요.

이에 대해 갈라디아서 5장 17절에 "육체의 소욕은 성령을 거스리고 성령의 소욕은 육체를 거스리나니 이 둘이 서로 대적함으로 너희의 원하는 것을 하지 못하게 하려 함이니라" 말씀합니다. 이 두 마음이 서로 갈등을 일으키는데 이때 어떤 마음이 이기느냐에 따라 그 사람의 영적 성장의 속도가 달라집니다.

이 싸움에서 이기려면 사도 바울이 "형제들아 내가 그리스도 예수 우리 주 안에서 가진 바 너희에게 대한 나의 자랑을 두고 단언하노니 나는 날마다 죽노라"(고전 15:31) 고백한 것처럼 날마다 죽는 사람이 되어야 합니다. 나를 포기하며 자존심과 교만, 욕심 등을 죽여야 하는 것입니다. 선한 싸움을 하며 성령의 소욕을 좇아 진리를 행해 나가면 점차 믿음이 성장하여 예수 그리스도의 마음을 닮아가고 하나님의 사랑을 받습니다.

믿음을 지키는 본을 보여 준 사람들

포로의 신분으로 바벨론 제국의 총리의 자리에까지 오른 다니엘은 믿음을 지키기 위해 세상과 타협하지 않았습니다. 생명을 아끼지 않았고 명예도 귀히 여기지 않았지요. 그 당시 나라에서는 30일 동안 왕 외에 어느 신에게나 사람에게 어떠한 것을 구하는 행위를 한 사람은 사자 굴에 던져 넣는다는 왕명이 반포되었습니다. 평소 다니엘을 시기하던 무리가 그가 하루 세 차례 하나님께 기도하는 것을 알고 그럴 듯한 말로 왕을 설득하여 명령을 내리게 한 것입니다.

이를 알면서도 다니엘은 예전에 하던 대로 예루살렘으로 향한 창문을 열어 놓고 하루 세 번씩 무릎 꿇고 기도하며 하나님께 감사하였습니다. 결국 다니엘은 사자 굴에 던져지지만 하나님께서는 그를 사자로부터 지키시고 건져내어 살아 계신 하나님을 증거하게 하셨습니다. 그리고 오히려 그를 사자 굴에 던진 악한 자들을 사자 밥이 되게 하셨습니다.

흔히 사람들은 사소한 일에도 기도를 쉽니다. 감정이 상하거나 피곤하다는 이유로 기도를 쉬지요. 그러나 다니엘은 여느 사람과는 그 중심이 달랐습니다. 생명의 위협 앞에서도 기도를 쉬지 않은 것입니다. 하나님께서 그를 사랑하실 수밖에 없는 이유가 여기에 있지요. 또한 그가 얼마나 정결했는지 범사에 어떤 틈과 허물이 없었다 했습니다. 이러한 의인이기 때문에 하나님께서는 그를 기뻐하여 지혜와 총명을 주고 미래의 일까지 밝히 알려 주신 것입니다.

다니엘의 세 친구는 어떠합니까? 왕이 세운 신상 앞에 절하지 않았다는 이유로 대노한 왕이 평소보다 일곱 배나 뜨겁게 한 풀무 불에 던지려 할 때에도 그들은 믿음을 굳게 지켰습니다. 다니엘 3장 17~18절을 보면 "하나님이 우리를 극렬히 타는 풀무 가운데서 능히 건져 내시겠고 왕의 손에서도 건져 내시리이다 그리 아니하실지라도 왕이여 우리가 왕의 신들을 섬기지도 아니하고 왕의 세우신 금 신상에게 절하지도 아니할 줄을 아옵소서" 하며 감동적인 믿음의 고백을 했습니다.

모든 것을 잃는다 해도 변함없이 하나님께 대한 믿음을 지키기 위하여 그들은 기꺼이 풀무 불에 들어갔습니다. 그러나 머리털 하나 그슬리지 않고 살아나는 놀라운 하나님의 역사가 나타났습니다. 이같이 다니엘이나 그의 세 친구는 생명을 잃을 수 있는 상황에서도 타협하지 않고 믿음을 지킴으로써 하나님께 영광 돌렸습니다.

우리가 정녕 하나님을 사랑한다면 아무리 어려운 상황이 와도 믿음을 지키는 사람이라는 증거가 있어야 합니다. 세상과 타협하지 않고 비진리에 동조하지 않는 믿음이 있어야 하지요. 하나님 뜻이 아니라면 과감히 끊어야 하며 어둠에서 나와 빛 가운데로 나아가야 하는 것입니다.

설령 주님으로 인해 핍박받는다 해도 하늘나라의 상을 바라본다면 기뻐하고 즐거워할 수 있습니다. 만일 주를 위해 핍박을 받고 죽음을 당한다면 그 영광은 말로 표현할 수 없습니다. 세세토록 영광을 누릴 수 있으니 생명을 바쳐 믿음을 지킨다는 것은 참으로 복된 일입니다.

믿음을 지키려면 먼저 자신을 지켜야

이같이 믿음을 지킨 선진이 있는 반면에, 마음을 지키지 못하고 믿음을 저버린 사람도 있습니다. 아합 왕의 아내 이세벨에게 매수당한 두 거짓 증인은 얼마나 어리석었습니까? 그들의 거짓 모함으로 무죄한 사람이 돌에 맞아 죽어야 했습니다. 진정 의의 길을 가는 사람은 결코 자신의 유익을 위해 거짓을 행치 않지요. 우리도 거룩한 하나님 자녀로서 어떤 어려움이 있다 해도 거짓말을 해서는 안 됩니다.

아합 왕 시대에 활동한 미가야 선지자에게도 유혹이 있었습니다. 열왕기상 22장을 보면 이스라엘의 아합 왕이 유다의 여호사밧 왕과 연합하여 아람과 싸우고자 할 때 약 사백 명 가량의 선지자를 모으고 하나님 뜻을 묻는 장면이 나옵니다. 그들은 한결같이 "올라가소서 주께서 그 성을 왕의 손에 붙이시리이다" 하였습니다. 승리를 장담하며 아첨한 것입니다. 이때 여호사밧 왕은 미가야 선지자를 불러 다시 한 번 예언을 듣고자 했습니다.

미가야 선지자를 부르러 간 아합의 신하는 그에게 현재 상황을 귀띔하면서 "선지자들의 말이 여출일구하여 왕에게 길하게 하니 청컨대 당신의 말도 저희 중 한 사람의 말처럼 길하게 하소서"라고 부탁합니다. 왕의 비위를 건드리지 말고 듣기 좋은 말을 하라는 것이지요. 그러나 미가야는 어떠했습니까? "여호와의 사심을 가리켜 맹세하노니 여호와께서 내게 말씀하시는 것, 곧 그것을 내가 말하리라" 오직 하나님 말씀만 참되게 증거하겠다는 것입니다.

결국 미가야는 길르앗 라못에 가면 죽을 것이라고 아합 왕에게 불리한 예언을 함으로 옥에 갇히는 신세가 됩니다. 미가야의 예언으로 불안해진 아합은 왕복을 벗고 일반 병사처럼 가장했으나 한 병사가 우연히 쏜 화살에 맞아 과다 출혈로 어이없는 최후를 맞았습니다. 미가야가 예언한 대로이지요. 우리도 미가야 선지자처럼 어떠한 상황에서도 진실을 말하며 자신을 지키되 생명을 다해 믿음을 지켜야 합니다.

바울의 동역자 데마는 믿음을 지키지 못했습니다. 바울의 전도 여행에 동참하여 열심히 복음을 전파한 그는 바울의 1차 투옥 때까지만 해도 함께 있었습니다. 그러나 바울이 재차 투옥되자 바울을 버리고 고향인 데살로니가로 돌아가 버렸습니다. 바울과 함께 고난당하기보다 세상에서 누릴 수 있는 부와 명예가 더 좋았던 것입니다. 성경은 이에 대해 그가 세상을 사랑하여 떠났다고 기록합니다(딤후 4:40).

반면 다윗 왕을 충성스럽게 섬긴 잇대라는 사람은 어떻습니까? 잇대는 원래 이스라엘 사람이 아닙니다. 다윗이 사울을 피해 한동안 피

신해 있던 블레셋 가드 출신입니다. 그런데 다윗 왕이 압살롬의 반란을 피해 피난 갈 때에 잇대는 가드에서 온 육백 명과 함께 다윗을 따랐습니다.

사무엘하 15장 19~20절에 다윗이 "어찌하여 너도 우리와 함께 가느냐 너는 쫓겨난 나그네니 돌아가서 왕과 함께 네 곳에 있으라 너는 어제 왔고 나는 정처 없이 가니 오늘날 어찌 너로 우리와 함께 유리하게 하리요 너도 돌아가고 네 동포들도 데려가라" 하였습니다. 그러나 그는 "내 주 왕께서 어느 곳에 계시든지 무론 사생하고 종도 그곳에 있겠나이다" 하였습니다. 굳이 함께하지 않아도 되는데 그는 스스로 다윗을 따르는 고생스러운 길을 택한 것입니다. 잇대는 후에 요압, 아비새 장군과 함께 다윗의 군대 3분의 1을 지휘하여 압살롬의 반란을 효과적으로 진압하였습니다. 이처럼 끝까지 다윗과 함께 한 잇대는 다윗의 용사로서 그 이름이 영영히 기록되었습니다(삼하 23:29).

우리도 끝까지 믿음을 지켜야 합니다. 믿음을 지키기 위해서는 자기의 마음을 진리로 잘 지켜야 합니다. 여리고 성이 무너져 내린 후 이스라엘 백성이 여리고를 진멸할 때에 아간이라는 사람이 하나님 명령을 어기고 탐나는 물건을 몰래 감추어 둔 일이 있습니다. 여호수아 7장 21절을 보면 "내가 노략한 물건 중에 시날 산의 아름다운 외투 한 벌과 은 이백 세겔과 오십 세겔 중의 금덩이 하나를 보고 탐내어 취하였나이다" 하고 고백합니다. 아간의 범죄로 이스라엘 백성은 아이 성 전투에서 패했으며 범죄한 사실이 탄로 난 아간은 온 가족과 함께 돌에 맞아 죽고 말았습니다.

엘리사의 시종 게하시는 어떠했습니까? 아람의 군대 장관 나아만은 하나님의 선지자 엘리사의 말대로 순종하여 불치병인 문둥병을 깨끗이 치료받고 감사의 표시로 많은 예물을 주고자 합니다. 엘리사는 "나의 섬기는 여호와의 사심을 가리켜 맹세하노니 내가 받지 아니하리라" 하며 극구 사양하지요.

게하시는 그 예물이 몹시 탐났습니다. 그래서 나아만의 뒤를 쫓아가 교묘히 거짓말을 합니다. "우리 주인께서 나를 보내시며 말씀하시기를 지금 선지자의 생도 중에 두 소년이 에브라임 산지에서부터 내게 왔으니 청컨대 당신은 저희에게 은 한 달란트와 옷 두 벌을 주라 하시더이다" 한 것입니다.

은혜를 보답할 기회가 생긴 나아만은 반색하며 게하시가 말한 것보다 더하여 은 두 달란트를 옷 두 벌과 함께 주었습니다. 게하시는 그것을 가져다 자기 집에 감추어 두고는 아무렇지도 않은 듯이 엘리사에게 돌아옵니다. 엘리사는 게하시가 한 행동을 훤히 알고 그에게 돌이킬 기회를 주지만 끝까지 그는 엘리사를 속여 거짓말을 합니다. 그러자 엘리사는 게하시에게 "나아만의 문둥병이 네게 들어 네 자손에게 미쳐 영원토록 이르리라" 말합니다. 물질에 탐욕을 품었다가 결국 그는 문둥병에 걸리고 말았습니다(왕하 5:15~27).

우리는 이 일화를 타산지석으로 삼아야 합니다. 곧 하나님의 자녀는 좌우로 치우치지 않는 신앙을 지녀서 자기의 유익을 좇아 하나님 뜻을 거역하는 일이 없어야 합니다. 또한 영원한 천국에 소망을 두어 무엇을 하든지 하나님 영광을 위해 살아야 합니다. 그런 사람이라면 결코 어둠과 짝하지 않고 세상과 타협하지 않으며 믿음을 지킬 것입니다.

히브리서 11장 6절에 "믿음이 없이는 기쁘시게 못하나니 하나님께 나아가는 자는 반드시 그가 계신 것과 또한 그가 자기를 찾는 자들에게 상 주시는 이심을 믿어야 할지니라" 했습니다. 믿음이 있으면 상 주시는 하나님을 바라보게 된다는 뜻입니다. 그러한 믿음을 가지고 하나님께서 원하시는 의 가운데 행하면 천국에서 누구든지 의의 면류관을 상으로 받고 해와 같이 빛나는 영광의 자리에 들어갑니다. 따라서 참으로 의로운 마음으로 믿음을 지켜 하나님을 기쁘시게 해 드리며 마음껏 영광 돌리시기 바랍니다.

Chapter 14

네 믿음이 너를 구원하였으니

이에 열두 해를 혈루증으로 앓는 중에 아무에게도 고침을 받지 못하던 여자가 예수의 뒤로 와서 그 옷가에 손을 대니 혈루증이 즉시 그쳤더라 예수께서 가라사대 내게 손을 댄 자가 누구냐 하시니 … 여자가 스스로 숨기지 못할 줄을 알고 떨며 나아와 엎드리어 그 손 댄 연고와 곧 나은 것을 모든 사람 앞에서 고하니 예수께서 이르시되 딸아 네 믿음이 너를 구원하였으니 평안히 가라 하시더라

누가복음 8:43~48

바람은 눈에 보이지 않아도 피부에 와 닿는 느낌이나 바람에 의해 흔들리는 물체를 통해 그 존재를 알 수 있습니다. 하나님도 마찬가지입니다. 흔히 사람들은 눈으로 봐야 하나님을 믿겠다고 하지만 하나님은 영이시므로 육안으로는 볼 수 없습니다. 그러나 하나님의 말씀인 성경과 하나님께서 베푸시는 무수한 권능의 역사를 보면 하

나님의 살아 계심을 분명히 믿을 수 있습니다.

선한 사람은 자연 만물만 보고도 하나님이 살아 계시며 인간의 생사화복을 주관하신다는 사실을 믿을 수 있지요. 로마서 1장 20절에 "창세로부터 그의 보이지 아니하는 것들 곧 그의 영원하신 능력과 신성이 그 만드신 만물에 분명히 보여 알게 되나니 그러므로 저희가 핑계치 못할지니라" 하신 대로입니다.

⚜ 어떤 소문을 들었을 때 의인의 반응

부활하신 주님께서는 안식 후 첫날 저녁, 제자들이 있는 곳에 나타나셨습니다. 스승이신 예수님을 십자가에 못 박은 유대인들을 무서워하여 모든 문을 꼭꼭 닫고 모여 있는 그들에게 홀연히 나타나셨지요. 그리고 "너희에게 평강이 있을지어다" 하시며 못과 창에 찔린 손과 옆구리를 보여 주셨습니다. 절망과 좌절, 두려움 속에 빠져 있던 제자들은 부활한 주님의 모습을 보고 몹시 기뻐하였습니다. 그런데 열두 제자 중 도마는 마침 그 자리에 없었습니다. 부활하신 주님을 목격한 다른 제자들이 주님을 보았다고 했지만 그는 도저히 믿을 수 없었습니다. "내가 그 손의 못자국을 보며 내 손가락을 그 못자국에 넣으며 내 손을 그 옆구리에 넣어 보지 않고는 믿지 아니하겠노라"(요 20:25)

예수님께서는 죽기 전 자신이 부활할 것을 이미 제자들에게 알려 주셨습니다. 마태복음 16장 21절을 보면 예수님이 자기가 예루살렘에 올라가 장로들과 대제사장들과 서기관들에게 많은 고난을 받고 죽임을 당하며 제 삼 일에 살아나야 할 것을 알렸다 했습니다. 하지만 제자들 중 어느 누구도 그 말씀을 깨닫지 못했지요. 심지어 여러 제자들이 직접 부활하신 주님을 만났다 해도 도마는 믿지 못했습니다.

도마가 예수님의 부활을 직접 확인하지 않고는 믿지 않겠다고 제자들과 대화를 나눈 지 팔 일 만에 부활하신 주님께서 다시 그들 가운데 나타나셨습니다. 그리고는 도마에게 "네 손가락을 이리 내밀어 내 손을 보고 네 손을 내밀어 내 옆구리에 넣어 보라 그리하고 믿음 없는 자가 되지 말고 믿는 자가 되라" 하시며 믿음을 심어 주십니다. 아무리 의심 많은 도마라도 "나의 주시며 나의 하나님이시니이다"라는 고백을 할 수밖에 없었습니다.

이에 주님은 "너는 나를 본 고로 믿느냐 보지 못하고 믿는 자들은 복되도다" 하시며 하나님께서 원하시는 믿음이 어떠한 것인지 깨닫게 해 주십니다. 예수님의 부활을 직접 확인한 뒤에야 믿겠다고 했던 도마는 무척이나 민망했을 것입니다(요 20:27~29). 우리는 보지 않고도 믿을 수 있는 선한 마음을 소유해야 합니다.

하나님께서는 우리에게 수많은 체험을 주시며 살아 계신 증거를 나타내고 표적을 보이십니다. 그런데도 하나님의 능력을 믿지 못한다면 안타까운 일이지요. 반면 그러한 것을 보지 않고 듣기만 하고도 마음에서 믿을 수 있다면 참으로 복된 사람입니다. 선하고 하나님 보시기에 아름다운 마음이지요.

마음이 선하고 의로운 사람은 좋지 않은 소문을 들었을 때에 같이 동조하거나 악을 행치 않습니다. 오히려 그것을 교훈 삼아 '나는 그렇게 행하지 말아야겠다'는 마음을 가집니다. 자신을 돌아보아 경계하는 계기로 삼는 것입니다. 반대로 선하고 좋은 소식을 들으면 의심하지 않고 그것을 마음에 담아 귀감으로 삼습니다. 하나님을 사랑하는 의인은 이런 중심이 되어야 합니다.

⚜ 예수님 앞에 나아온 여인의 마음

본문에 나오는 12년 동안 혈루증 앓던 여인은 어떤 마음을 지녔습니까? 예수님의 소문을 듣고 그분을 만나기만 하면 자기 병을 치료받을 수 있다는 믿음이 있기 때문에 아픈 몸을 이끌고 예수님 앞에 나왔습니다. 혈루증은 습관성 자궁 출혈로 시도 때도 없이 피가 흐르는 병입니다. 그런 생활을 1, 2년도 아닌 열두 해나 계속했으니 얼마나 고통스럽고 심신도 허약했겠습니까?

이 의원 저 의원을 찾아다니며 좋다는 약을 다 써 보았지만 돈만 허비하고 병은 더 중해졌습니다. 오랜 병으로 주위 사람들에게조차 외면당하며 살았을 것입니다. 여인은 세상을 원망하며 탄식과 고통 가운데 좌절할 수도 있는 상황이었지만 끝까지 인생을 포기하지 않았습니다.

그러던 어느 날, 여인은 예수님에 대한 소문을 듣고 마음에 희망이 샘솟게 되었습니다. 그분을 만나면 죽은 사람도 살아나고 문둥병, 중풍 등 갖가지 병든 사람이 치료된다는 것입니다. 또 귀신 들렸던 사람이 온전케 되며 눈먼 사람이 눈을 뜨고 듣지 못하던 사람이 들으며 말 못하는 사람이 말을 한다는 것입니다. 이 소식은 마치 오랜 가뭄 끝에 단비를 만난 것처럼 여인에게 희망을 안겨 주었습니다. 여인은 중심이 선하기 때문에 소문을 있는 그대로 믿었고 예수님을 찾아 나섰습니다.

물어물어 예수님 계신 곳에 당도했는데 그 여인처럼 소문을 듣고 찾아온 사람, 말씀을 사모하여 모여든 사람 등 어찌나 에워싼 무리가 많은지 예수님은 보이지도 않았습니다. 여인은 사람들을 헤치고 예수님 가까이 다가갔습니다. 예수님의 능력을 사모했기 때문입니다. '저분의 옷자락만 만져도 나을 것이다' 는 마음으로 애써 손을 뻗어 옷자락에 손을 댔습니다. 그러자 즉시 혈루 근원이 마르고 정상으로 회복되었습니다. 얼마나 놀라운 역사입니까? 여인은 마음이 선하고 의롭기 때문에 예수님의 소문을 믿고 그 앞에 나아왔고, 옷자락만 만져도 나을 수 있었습니다. 참으로 비참하게 살아온 여인은 믿음으로 새 삶을 찾았습니다.

의인은 어떠한 중심으로 살아가는가

의인은 과연 어떠한 중심을 가진 사람일까요? 바로 룻이나 야곱의 열한 번째 아들인 요셉과 같은 마음입니다. 룻의 시어머니 나오미는 남편 엘리멜렉과 두 아들인 말론과 기룐과 함께 기근이 든 베들레헴을 떠나 모압 지방으로 이주하였습니다. 그런데 단란한 가정을 채 꾸리기도 전에 남편 엘리멜렉이 죽고 말았습니다. 서둘러 두 아들을 결혼시켰지만 그들도 얼마 있지 않아 죽어버렸습니다.

나오미는 과부가 된 두 며느리를 데리고 베들레헴으로 돌아오다 두 며느리에게 각자 친정으로 돌아가 평안히 살라고 권했습니다. 혼자 된 두 며느리가 불쌍해 새 출발하라는 것이지요. 이에 큰 며느리 오르바는 울면서 나오미 곁을 떠났습니다. 하지만 둘째 며느리 룻은 죽는 일 외에는 결코 시어머니를 떠나지 않겠다며 홀로 된 시어머니를 끝까지 붙좇으며 봉양하였습니다. 이처럼 선을 행한 룻은 나중에 하나님의 큰 축복을 받아 보아스와 결혼하고 다윗의 증조모가 되었습니다.

우리는 룻에게서 무엇을 깨우칠 수 있습니까? 어떤 유익이 돌아오지 않는다 해도 선한 도리를 좇는 그 자체를 기쁘게 여길 수 있어야 한다는 것입니다. 룻은 중심이 의롭기 때문에 자신의 유익을 구치 않고 선을 행하며 하나님께 영광 돌리는 삶을 살았습니다. 하나님께서는 룻의 그러한 중심을 기뻐하여 축복하신 것입니다. 이처럼 자신의 유익을 좇지 않고 큰 손해를 본다 해도 선한 길을 택하는 믿음의 사람은 하나님 사랑과 축복을 받아 영광 돌려 나갑니다.

요셉의 마음은 어떠하였습니까? 요셉은 아버지 야곱의 지극한 사랑을 받다가 형들의 시기로 애굽에 노예로 팔려갔지만 하나님의 섭리 가운데 13년 만에 애굽 총리가 되었습니다. 그리하여 후일 아버지와 형들을 기근에서 구하여 애굽에서 편히 살 수 있도록 돌봐 주었지요. 어느덧 세월이 흘러 아버지 야곱이 죽자 요셉의 형들은 겁이 났습니다. 비록 시간이 흘렀다 하나 요셉이 예전에 그들이 행한 악을 갚지나 않을까 두려워한 것입니다.

겁이 난 형들은 요셉에게 전갈을 보내 "당신의 아버지가 돌아가시기 전에 명하여 이르시기를 너희는 이같이 요셉에게 이르라 네 형들이 네게 악을 행하였을지라도 이제 바라건대 그 허물과 죄를 용서하라 하셨다 하라 하셨나니 당신의 아버지의 하나님의 종들의 죄를 이제 용서하소서"(창 50:16~17) 했습니다.

요셉은 그 말을 듣고 울었습니다. 아직도 형들이 자신의 마음을 몰라주니 안타까웠을 것입니다. 이후 형들이 와서 요셉 앞에 엎드리며 "우리는 당신의 종이니이다" 하는 말까지 합니다. 이에 요셉은 어찌하든 형들의 근심을 씻어주고자 합니다. "두려워 마소서 내가 하나님을 대신하리이까 당신들은 나를 해하려 하였으나 하나님은 그것을 선으로 바꾸사 오늘과 같이 만민의 생명을 구원하게 하시려 하셨나니 당신들은 두려워 마소서 내가 당신들과 당신들의 자녀를 기르리이다"(창 50:19~21) 요셉은 보복하기는커녕 오히려 간곡한 말로 그들을 위로하였던 것입니다.

만일 똑같은 상황에 처한다면 요셉과 같이 행할 수 있겠는지요? 요셉은 마음이 선하기 때문에 악으로 갚는 것은 생각지도 않았습니다. 그러나 형들은 자신들이 악하기 때문에 요셉에게도 그런 마음이 있지 않을까 판단하고 염려한 것입니다. 이렇게 선과 악이 다르고 마음 씀씀이가 다릅니다.

요셉의 형들이 선하고 의롭다면 당연히 그러한 악행을 저지르지도 않았겠지만 만일 한순간의 실수로 범죄했다 해도 그 아우 앞에 무릎 꿇고 죄의 대가를 달게 받으려고 할 것입니다. 그것이 의로운 사람의 자세입니다. 회개의 마음이 없기 때문에 '혹시 나를 해하지는 않을까?' 하는 두려움이 있었던 것입니다.

⚜ 의인은 어떻게 믿음으로 살아가는가

의로운 마음과 중심을 지닌 사람은 어떻게 믿음으로 살아갈까요? 12년 동안 혈루증으로 고통받았던 여인은 주변 사람들에게 버림 받을 수밖에 없는 상태였습니다. 당시 사회에서는 혈루증이 있으면 부정하게 여기고 접촉조차 피했지요(레 15:25). 따라서 여인은 누구 앞에 나서거나 감히 얼굴을 대하고 말하기조차 민망했을 것입니다. 더구나 하나님의 아들로서 육신을 입고 이 땅에 오신 예수님은 참으로 존귀하고 거룩한 분입니다. 그러나 그녀에게는 "존귀하신 그분의 옷자락에만 손을 대어도 낫겠다"는 믿음이 있었습니다.

혈루증 앓던 여인과 같이 자기를 낮추는 마음을 가지고 믿음으로 나아가면 무엇이든 응답됩니다. 배움이 부족하다든가 가난하다, 못났다 하는 자기 나름대로의 이유로 하나님 앞에 구하기도 민망하다 생각할 수 있습니다. 그러나 자신의 부족함을 다 내려놓고 겸비한 자세로 하나님 앞에 믿음으로 구하면 응답받을 수 있습니다.

예물을 드릴 때에도 아무리 작은 것이라도 진정 마음을 담아 드린다면 하나님께서는 그 중심을 아십니다. 하나님께서는 그 마음을 기뻐 받으십니다. 무슨 일이든지 마음 중심이 중요하지, 부족해서 혹은 나약해서 못하는 것이 아닙니다. 믿음으로 행하는 그 자체가 얼마나 귀하며 아름다운 일입니까?

⚜ 하나님께서 기뻐하시는 믿음

두 렙돈을 헌금한 가난한 과부의 경우만 보아도 이를 잘 알 수 있습니다. 렙돈이라면 그 당시 가장 작은 단위의 동전입니다. 비록 얼마 되지 않지만 자기 생활비 전부를 드렸으니 과부는 최선을 다한 것입니다. 이런 사실을 아시고 예수님께서는 헌금한 사람 중에 가장 많이 드렸다며 칭찬하셨습니다. 사르밧 과부의 경우에도 마찬가지입니다. 생전 처음 보는 하나님의 종 엘리야에게 오랜 가뭄 끝에 마지막 남은 한 움큼의 가루와 기름 조금으로 양식을 만들어 드렸을 때에 하나님께서 귀하게 받으셨습니다.

중요한 것은 마음 중심이며, 믿음의 행함입니다. 그러기에 누구든지 하나님 앞에 믿음으로 나올 수 있는 것입니다. 하나님은 우리가 믿음으로 축복받을 만한 그릇을 만들기 원하십니다. 하나님 보시기에 믿음을 가진 의로운 마음을 원하시며 이런 의인을 찾으면 그와 함께하시지요.

에녹은 300년을 하나님과 동행하다 산 채로 들림받았습니다. 노아도 의인이고, 당세에 완전한 자이기에 하나님과 동행하였으며 하나님을 온전히 믿음으로 홍수의 심판 때에 가족과 함께 심판을 면하였습니다. 아브라함도 의인이기에 하나님께서 믿음의 조상으로 세우고 벗이라 부르셨습니다.

신약 시대에도 마찬가지입니다. 고넬료는 이스라엘 민족이 아니었지만 하나님을 경외하여 구제하고 기도하며 선행을 많이 베푼 의로운 사람이었기에 온 가족과 친구들까지 구원을 받았습니다. 그는 지배국의 백부장이면서도 피지배국의 어부 출신 베드로에게 무릎 꿇고 절할 정도로 선하고 겸손한 중심이었습니다. 그러기에 하나님께서는 그에게 베드로를 보내 세례를 베푸시고 구원받도록 하신 것입니다.

하나님께서는 의인을 찾으시고 그와 함께하며 축복하십니다. 로마서 2장 13절에 "하나님 앞에서는 율법을 듣는 자가 의인이 아니요 오직 율법을 행하는 자라야 의롭다 하심을 얻으리니" 하셨습니다. 또한 로마서 10장 10절에는 "사람이 마음으로 믿어 의에 이르고 입으로 시인하여 구원에 이르느니라" 했으니 정녕 행함 있는 믿음을 가진 사람이라야 하나님께서 의롭다 인정하시는 것입니다. 그런데 오늘날 출애굽한 백성처럼 듣고 보아서 아는 지식적 믿음만 갖고 신앙생활 하는 사람이 많습니다. 하나님께서는 지식적 믿음, 육적 믿음이 아닌 마음으로 믿는 영적 믿음을 원하십니다. 의심하지 않고 믿기를 원한다는 뜻입니다.

믿음은 스스로 갖고자 한다 해서 가질 수 있는 것이 아닙니다. 육적 믿음은 내가 갖고자 하면 가질 수 있지만 영적 믿음은 그렇지 않습니다. 로마서 12장 3절에 있는 대로 하나님께서 주셔야만 소유할 수 있습니다. 하나님께서 주시는 영적 믿음을 소유하려면 자신의 마음을 진리로 바꿔야 합니다. 악은 모양이라도 버리면서 선으로, 거룩함으로, 온전함으로 주님의 마음을 닮아가야 합니다. 그리하여 선한 마음을 이루는 만큼 하나님께서 영적 믿음을 주시고 그 믿음대로 역사하십니다.

열두 해 혈루증을 앓던 여인이 예수님의 옷자락만 만져도 나을 수 있다는 믿음을 가지고 행함으로 나타내니 그 즉시 치료된 것같이 우리도 그런 믿음을 소유하면 비록 현재는 부족해도 축복을 받아 갈 수 있습니다. 하나님의 축복을 받을 만한 중심만 되면 아무도 알아주지 않는 목동으로 있던 다윗이라도 하나님께서 찾아내 왕으로 삼으시는 것을 볼 수 있습니다. 아무 희망이 없는 룻일지라도 그 중심이 의로우니 예수님의 계보에 오르는 넘치는 축복으로 부어 주셨습니다. 또 에스더와 같이 피지배국의 사람이라 해도 일국의 왕후로 만들어 주시지요.

이렇게 하나님께서는 외모를 보지 않고 마음 중심을 감찰하며 의로운 사람에게 넘치는 축복으로 역사하십니다. 신명기 28장에 기록된 모든 복을 주시는 것입니다. 하나님께서 선한 중심을 가진 의인을 찾고 행함 있는 믿음을 기뻐하심을 알아 응답받을 수 있는 중심, 낮아지고 겸비한 중심으로 구하는 대로 응답받을 수 있기 바랍니다.

Chapter 15

여호와의 묵시와 정한 때

여호와께서 내게 대답하여 가라사대 너는 이 묵시를 기록하여 판에 명백히 새기되 달려가면서도 읽을 수 있게 하라 이 묵시는 정한 때가 있나니 그 종말이 속히 이르겠고 결코 거짓되지 아니하리라 비록 더딜지라도 기다리라 지체되지 않고 정녕 응하리라 보라 그의 마음은 교만하며 그의 속에서 정직하지 못하니라 그러나 의인은 그 믿음으로 말미암아 살리라 **하박국 2:2~4**

우리는 천지 만물을 통해서도 하나님의 살아 계심을 알 수 있습니다. 계절의 변화만 보아도 하나님의 능력과 신성을 느낄 수 있지 않습니까? 봄이 되면 겨우내 움츠렸던 자연 만물이 깨어납니다. 어느새 노란 개나리가 피었다 지고 진달래와 벚꽃, 목련 같은 꽃들도 이곳 저곳을 아름답게 장식하지요.

또한 농부가 씨를 뿌리면 죽은 것 같던 씨에서 싹이 나고 꽃이 피어 열매를 맺습니다. 죽은 듯이 앙상한 나뭇가지도 때가 되면 잎이 무성해지고 누가 가르쳐 주지 않아도 아름다운 열매를 맺기 위해 꽃을 피웁니다. 이처럼 계절의 순환은 인류가 탄생한 이래 변함없이 이어져왔습니다. 그뿐만이 아닙니다. 날마다 하늘에 떠오르는 태양은 제 길을 따라 어김없이 운행하며 달과 별들도 질서와 조화 속에 운행합니다. 이처럼 우주 만물에는 하나님의 능력과 신성이 나타나지 않은 곳이 없습니다.

⚜ 하박국 선지자에게 임한 하나님의 묵시

하나님의 능력과 신성으로 하박국 선지자에게 묵시가 임하였습니다. 하박국 선지자는 주전 600년을 전후하여 활동한 남유다 왕국의 선지자입니다. 예레미야 선지자와 동시대 사람으로 이전 시대에 활동한 이사야 선지자의 영향을 많이 받았습니다. 남유다 왕국은 요시야 왕 시대가 끝나고 여호아하스 왕을 거쳐 여호야김의 통치 시대로 넘어오면서 불의와 유혈로 가득 찹니다.

하박국 선지자는 이를 탄식하며 하나님께 아뢰었는데 그 기록이 하박국 1장 2~4절에 나옵니다. "여호와여 내가 부르짖어도 주께서 듣지 아니하시니 어느 때까지리이까 내가 강포를 인하여 외쳐도 주께서 구원치 아니하시나이다 어찌하여 나로 간악을 보게 하시며 패역을 목도하게 하시나이까 대저 겁탈과 강포가 내 앞에 있고 변론과 분쟁이 일어났나이다 이러므로 율법이 해이하고 공의가 아주 시행되지 못하오니 이는 악인이 의인을 에워쌌으므로 공의가 굽게 행함이니이다"

하나님은 남유다의 모든 것을 보고 계셨습니다. 실상은 모든 것이 하나님 섭리와 통치 아래 있는 것입니다. 그래서 조국 유다의 죄악을 탄식하는 하박국을 하나님께서는 열국 가운데 일어나는 세계사의 현장을 바라보도록 이끄십니다. 그리고는 심판하기 위해 앞으로 갈대아인을 일으킬 것을 알려 주십니다(합 1:5~11). 갈대아인이란 바벨론 사람을 말합니다. 당시 바벨론 사람들은 사나웠고 영토 확장에 혈안이 되어 있었습니다.

결국 하나님께서 하박국에게 알려 주신 예언이 성취되어 주전 600년 경 바벨론이 유다를 침공하여 많은 사람을 포로로 잡아갔고, 주전 586년에는 급기야 유다를 멸망시킵니다. 하나님께서 바벨론을 통해 유다를 심판하겠다고 하신 예언을 성취하신 것입니다. 하박국 선지자는 하나님의 역사에 놀라움을 금할 수 없었습니다. 왜냐하면 바벨론의 죄악과 강포가 하나님의 선민 유다와는 비교가 되지 않을 정도로 훨씬 컸기 때문입니다.

하박국 선지자는 왜 하나님께서 바벨론을 먼저 심판하지 않고 남유다를 심판하시는 도구로 그들을 사용하시는지를 물었습니다. "주께서는 눈이 정결하시므로 악을 참아 보지 못하시며 패역을 참아 보지 못하시거늘 어찌하여 궤휼한 자들을 방관하시며 악인이 자기보다 의로운 사람을 삼키되 잠잠하시나이까"

이에 대한 하나님의 응답이 하박국에게 묵시로 임하였는데 그 내용이 바로 본문입니다. 때가 이르면 악인은 반드시 멸망할 것과 의인은 그 믿음으로 말미암아 살리라는 것입니다. 전도서 12장 14절에 기록된 대로 하나님은 모든 행위와 모든 은밀한 일을 선악 간에 심판하는 분임을 분명히 알려 주신 것입니다.

믿음은 겸손히 회개하고 모든 것을 하나님께 맡기는 것이니 어떤 어려운 상황에 처하더라도 하나님의 능력으로 구원받을 수 있습니다. 그래서 시편 37편 38~40절을 보면 "범죄자들은 함께 멸망하리니 악인의 결국은 끊어질 것이나 의인의 구원은 여호와께 있으니 그는 환난 때에 저희 산성이시로다 여호와께서 저희를 도와 건지시되 악인에게서 건져 구원하심은 그를 의지한 연고로다"라고 말씀합니다. 또한 잠언 24장 16절에는 "대저 의인은 일곱 번 넘어질지라도 다시 일어나려니와 악인은 재앙으로 인하여 엎드러지느니라" 했습니다.

정한 때가 있나니 그 종말이 속히 이르겠고

한편 죄를 지으면 하나님과 멀어지고 그 죄의 삯은 사망이며 심판에 이릅니다. 죄악이 관영하면 하나님의 심판이 임하는데 우리는 심판이 정한 때가 오면 속히 이루어짐을 알아야 합니다. "정한 때가 있나니 그 종말이 속히 이르겠고 결코 거짓되지 아니하리라 비록 더딜지라도 기다리라 지체되지 않고 정녕 응하리라"(합 2:3) 하신 말씀대로입니다.

하나님께서는 하박국에게 "너는 이 묵시를 기록하여 판에 명백히 새기되 달려가면서도 읽을 수 있게 하라"(합 2:2) 명하셨습니다. 달려가면서도 읽어야 하는 정도이니 얼마나 급박한 상황인지 알 수 있습니다. 소돔과 고모라를 멸망시킬 때에도 그랬지요. 동틀 때부터 천사가 롯을 재촉하였습니다. 롯이 지체하자 천사들이 아예 롯과 그 아내와 두 딸의 손을 잡아 인도하여 성 밖으로 이끌어냈습니다. 뒤를 돌아보거나 들에 머무르지 말고 산으로 도망하여 멸망을 면하라고 말합니다.

하도 재촉하니 롯은 몸을 피할 만한 곳에 이르기도 전에 재앙을 만나 죽을까 하는 두려움이 생겼습니다. 그래서 '소알'이라는 가까운 성으로 도망하게 해 달라고 천사에게 청합니다. 결국 롯이 도망하여 소알에 들어갈 때에 해가 돋았고 하늘에서 곧 유황과 불이 비같이 내렸습니다. 이처럼 소돔과 고모라의 심판도 정한 때가 되자 급속도로 진행되었습니다. 그러나 의인은 믿음으로 말미암아 살리라 하신 대로 죄악된 성에서 그나마 하나님을 경외하기 위해 힘쓴 롯의 가족은 하나님께서 천사를 보내 살려냈습니다.

사울의 집이 멸망할 때에도 그랬습니다. 블레셋과의 전투에서 패한 날 사울과 그 세 아들이 한꺼번에 죽음을 당했습니다. 세 아들 중에는 요나단도 있었습니다. 그들의 전사 소식이 전해지자 요나단 집 사람들도 블레셋 군대를 피해 급히 도망합니다. 얼마나 상황이 급박했는지 요나단에게는 므비보셋이라는 다섯 살 난 외아들이 있었는데 유모가 안고 도망하다 그만 아이를 떨어뜨려 그 뒤부터 아이는 다리를 절게 되었습니다.

사울에게 임한 이 심판은 이미 사무엘 선지자를 통해 예언되었습니다. 선지자이자 이스라엘 마지막 사사였던 사무엘이 죽은 뒤 얼마 지나지 않아 블레셋이 쳐들어온 일이 있습니다. 이때 사울은 두려움으로 크게 떨었지요. 블레셋과의 전투에서 이길 자신이 없었던 사울은 여러 가지 방법을 동원하여 하나님의 뜻을 묻지만 하나님은 어떤 응답도 주지 않습니다. 사울은 결국 신접한 여인을 찾아가 죽은 사무엘을 불러올리게 합니다.

이때 사무엘이 말하기를 "네가 여호와의 목소리를 순종치 아니하고 그의 진노를 아말렉에게 쏟지 아니하였으므로 여호와께서 오늘날 이 일을 네게 행하셨고 여호와께서 이스라엘을 너와 함께 블레셋 사람의 손에 붙이시리니 내일 너와 네 아들들이 나와 함께 있으리라"(삼상 28:18~19) 했습니다. 하나님 말씀은 일점일획도 변함이 없고, 비록 더디더라도 심판의 때가 되면 지체치 않고 이루어집니다.

따라서 마태복음 24장에 나오는 마지막 때의 환난도 속히 진행될 것입니다. "너희가 선지자 다니엘의 말한 바 멸망의 가증한 것이 거룩한 곳에 선 것을 보거든 (읽는 자는 깨달을진저) 그때에 유대에 있는 자들은 산으로 도망할지어다 지붕 위에 있는 자는 집 안에 있는 물건을 가지러 내려가지 말며 밭에 있는 자는 겉옷을 가지러 뒤로 돌이키지 말지어다 그 날에는 아이 밴 자들과 젖 먹이는 자들에게 화가 있으리로다 너희의 도망하는 일이 겨울에나 안식일에 되지 않도록 기도하라 이는 그때에 큰 환난이 있겠음이라"(마 24:15~21)

하나님께서는 심판의 정한 때가 있음을 미리 알려 주고 피할 수 있도록 사랑을 베푸십니다. 따라서 진정 믿음이 있고 의인 된 하나님의 자녀는 깨어 있어 환난을 당하지 않도록 준비해야 합니다. 심판의 때가 정해지면 지체치 않고 응하기 때문입니다.

지체되지 않고 정녕 응하리라

역사의 수레바퀴를 거슬러 올라가다 보면 하나님께서는 악이 가득 찰 때마다 심판하셨음을 알 수 있습니다. 그런데 현 세대는 어떻습니까? 악이 관영했을 뿐만 아니라 악으로 물들지 않은 곳이 없음을 누구나 인정합니다. 따라서 하나님께서 심판할 마지막 때가 다 되었음을 알아야 합니다.

성경에는 마지막 때의 징조에 대한 기록이 많이 나옵니다. 마태복음 24장 12절을 보면 "불법이 성하므로 많은 사람의 사랑이 식어지리라" 하셨고, 14절에는 "이 천국 복음이 모든 민족에게 증거되기 위하여 온 세상에 전파되리니 그제야 끝이 오리라" 하셨습니다. 오늘날 얼마나 불법이 성하며 사랑이 식었습니까? 또한 천국 복음이 온 세상에 전파되었지요.

다니엘 12장 4절에는 "다니엘아 마지막 때까지 이 말을 간수하고 이 글을 봉함하라 많은 사람이 빨리 왕래하며 지식을 더하리라" 했습니다. 요즈음 세계가 얼마나 빨리 왕래합니까? 지구촌이라는 말이 나올 만큼 통신과 교통수단의 발달로 세계는 일일 생활권이 되었습니다. 또 급격히 발달하는 지식과 정보로 과학 문명은 이미 최고조에 달해 있습니다.

마태복음 24장 32~33절에는 무화과나무의 비유가 나옵니다. "그 가지가 연하여지고 잎사귀를 내면 여름이 가까운 줄을 아나니 이와 같이 너희도 이 모든 일을 보거든 인자가 가까이 곧 문 앞에 이른 줄 알라" 했습니다. 여기에서 무화과나무는 이스라엘을 상징합니다. 곧 무화과나무 가지가 연하여지고 잎사귀를 낸다는 것은 이스라엘의 독립을 말합니다.

서기 70년에 로마의 티투스 장군에 의해 예루살렘이 함락되고 나라가 멸망하여 이스라엘 백성은 동서남북으로 뿔뿔이 흩어지고 말았습니다. 그런데 이스라엘이 다시 나라를 찾아 독립하는 것을 보거든 주님께서 가까이 곧 문 앞에 이른 줄 알라 하셨으니 지금이 마지막 때임을 알 수 있습니다.

그러나 의인은 그 믿음으로 말미암아 살리라

마지막 때가 가까움을 믿는 하나님의 자녀는 어떻게 살아야 하겠습니까? 의인은 믿음으로 말미암아 살리라 하셨으니 오직 믿음으로 살아야 합니다. 에베소서 5장 16절에 "세월을 아끼라 때가 악하니라" 권면하셨고, 로마서 13장 11~14절을 보면 "이 시기를 알거니와 자다가 깰 때가 벌써 되었으니 … 그러므로 우리가 어두움의 일을 벗고 빛의 갑옷을 입자 낮에와 같이 단정히 행하고 방탕과 술 취하지 말며 음란과 호색하지 말며 쟁투와 시기하지 말고 오직 주 예수 그리스도로 옷 입고 정욕을 위하여 육신의 일을 도모하지 말라" 하셨습니다.

따라서 하나님의 자녀는 때가 악하여 심판의 때가 지체치 않고 응함을 알아 세월을 아낌은 물론, 어둠의 일, 즉 비진리, 죄를 열심히 벗어 버리고 빛의 갑옷인 하나님 말씀으로 무장하여 그 말씀대로 살아야 할 것입니다. 그렇지 않고 세상을 돌아본다면 하나님께서 지켜주실 수 없으니 롯의 아내처럼 멸망당할 수밖에 없습니다. 심판을 피하여 소돔 성에서 나온 롯의 아내는 "뒤돌아보지 말고 도망하라"는 천사의 말을 따르지 않고 불과 유황이 쏟아지는 소돔을 뒤돌아보다 소금 기둥이 되고 말았습니다. 향락으로 가득한 세상에 미련을 버리지 못한 결과이지요.

히브리서 10장 24~25절을 보면 "서로 돌아보아 사랑과 선행을 격려하며 모이기를 폐하는 어떤 사람들의 습관과 같이 하지 말고 오직 권하여 그 날이 가까움을 볼수록 더욱 그리하자" 권면하였고, 베드로전서 4장 7~8절에는 "만물의 마지막이 가까웠으니 그러므로 너희는 정신을 차리고 근신하여 기도하라 무엇보다도 열심으로 서로 사랑할지니 사랑은 허다한 죄를 덮느니라" 하셨습니다.

따라서 의인 된 하나님의 자녀는 서로 돌아보아 사랑과 선행을 격려하며 모이기에 힘쓰고 기도하면서 무엇보다도 열심히 서로 사랑해야 합니다. 상대에게 허다한 허물이 있다 해도 영적 사랑으로 덮어 줄 수 있어야 하는 것입니다.

예를 들어, 김 집사가 이 집사를 몹시 미워했다고 합시다. 그러니 하는 것마다 마음에 들지 않아 주변 사람에게 그의 허물을 전하고 누군가의 사랑을 받으면 시기 질투했습니다. 그런데 하나님 말씀을 듣고 변화되어 영적 사랑이 생겼다고 합시다. 이 집사를 보니 예전의 모습이 아닙니다. 그토록 신경을 거스르고 밉던 사람이 왜 그렇게 사랑스러운지요. 시기 질투와 미움이 없어지고, 수군거리며 흉보는 것도 사라졌습니다. 오히려 그를 위해 기도해 주고 싶고 손을 잡아 주고 싶고 대화하고 싶어집니다.

이렇게 자신이 변화되어 영적 사랑으로 상대의 허다한 죄를 덮으면 상대는 어떻게 나오겠습니까? '아, 그가 나를 이렇게 사랑하는구나.' 하면서 자신도 사랑을 줄 것입니다. 과거의 허물은 다 용서하고 불편했던 감정도 눈 녹듯 사라집니다. 이렇게 사랑은 허다한 죄를 덮습니다.

그렇다면 믿음으로 산다는 것은 어떻게 사는 것입니까? 앞서 말씀드린 대로 마지막이 가까울수록 깨어 있어야 합니다. 깨어 있다면 기도할 것이고 하나님을 사랑하여 전도할 것입니다. 또한 하나님 말씀대로 어둠에서 나와 빛 가운데 살 것입니다.

하나님께서는 묵시를 하박국 선지자에게만 주신 것이 아닙니다. 오늘날 우리에게도 주고 계십니다. 아모스 3장 7절에 "주 여호와께서는 자기의 비밀을 그 종 선지자들에게 보이지 아니하시고는 결코 행하심이 없으시리라" 했고, 히브리서 13장 8절에는 "예수 그리스도는 어제나 오늘이나 영원토록 동일하시니라" 말씀합니다. 그러므로 우리는 정직하게 의인으로서 믿음을 지키며 살아야 합니다. 세상의 악에 물들지 않고 깨어 있어 선을 행함으로써 주께서 심판하실 때에 구원에 이르러야 할 것입니다.

데살로니가전서 4장 13~18절을 보면 성도들에게 소망의 말씀을 주셨습니다. "형제들아 자는 자들에 관하여는 너희가 알지 못함을 우리가 원치 아니하노니 이는 소망 없는 다른 이와 같이 슬퍼하지 않게 하려 함이라 우리가 예수의 죽었다가 다시 사심을 믿을진대 이와 같이 예수 안에서 자는 자들도 하나님이 저와 함께 데리고 오시리라 … 주께서 호령과 천사장의 소리와 하나님의 나팔로 친히 하늘로 좇아 강림하시리니 그리스도 안에서 죽은 자들이 먼저 일어나고 그 후에 우리 살아남은 자도 저희와 함께 구름 속으로 끌어 올려 공중에서 주를 영접하게 하시리니 그리하여 우리가 항상 주와 함께 있으리라 그러므로 이 여러 말로 서로 위로하라"

여기서 '자는 자들'이란 예수 그리스도를 믿고 죽은 사람들을 말합니다. 주님께서 강림하실 때에 그들이 먼저 일어나 주님과 함께 온다고 말씀합니다. 데살로니가전서 3장 13절에도 "우리 주 예수께서 그의 모든 성도와 함께 강림하실 때에 하나님 우리 아버지 앞에서 거룩함에 흠이 없게 하시기를 원하노라" 하셨습니다. 또한 살아서 주님을 맞는 사람들도 그 뒤를 따라 들림받아 공중에서 주님을 만나 혼인 잔치를 하고 영원히 함께 산다는 것입니다.

이제 머지않아 주님께서 우리를 데리러 다시 오실 것입니다. 다시 오신 주님을 뵐 때 얼마나 기쁘고 감격스럽겠습니까? 주님과 함께 눈물, 슬픔, 고통, 사망, 이별이 없는 아름다운 천국에서 영원히 행복하게 살게 됩니다. 그런 천국이 기다리고 있으니 예수 그리스도를 믿는 하나님 자녀라면 현실을 인하여 힘들어하거나 낙심하지 말아야 합니다. 오히려 하나님 뜻대로 항상 기뻐하고 쉬지 말고 깨어 기도하며, 범사에 감사해야 합니다.

더구나 하나님은 사랑이시므로 우리가 의인이 되면 모든 간구와 기도에 응답하며 치료하고 문제도 해결해 주십니다. 우리의 어려운 사업터나 빗나간 자녀도 하나님께서 바로잡아 주시면 모든 문제가 해결됩니다. 하나님께서 방패와 산성이 되어 지켜 주시면 원수 마귀 사단이 조금도 역사하지 못합니다. 이런 하나님의 크신 사랑과 놀라운 축복을 받아 항상 하나님께 영광 돌리며 살아가는 복된 자녀가 되기를 주님의 이름으로 기원합니다.

하나님께서 기뻐하시는 참마음과 온전한 믿음

**"우리가 마음에 뿌림을 받아 양심의 악을 깨닫고
몸을 맑은 물로 씻었으니
참마음과 온전한 믿음으로 하나님께 나아가자"(히 10:22)**

사람의 마음은 크게 세 가지로 구분할 수 있다. 비진리의 검은 마음과 진리의 하얀 마음, 그리고 각 사람이 나름대로 선(善)의 기준을 잡아놓은 양심이 있어서 선한 양심을 지닌 사람이 있는가 하면, 악한 양심을 지닌 사람도 있다.
사랑의 하나님께서는 모든 사람이 주님의 보혈로 죄 사함을 받아 의인이라 칭함을 받을 뿐 아니라 성령의 도우심으로 참마음과 온전한 믿음을 소유하여 진정한 의인의 축복을 받기 원하신다.

1. 참마음을 이루어야 진정한 의인

참마음이란 진리의 하얀 마음, 선과 빛의 마음이며, 하나님을 닮은 영의 마음을 말한다. 악이나 거짓이 없고 간사하지 않으며 변개하거나 좌우로 치우치지 않는 아름다운 마음이다. 하나님은 첫 사람 아담을 생령으로 창조하시고 인간 경작을 통하여 하나님의 마음을 닮은 자녀를 무수히 얻기 원하셨다. 그래서 에덴동산을 창설하고 선악과를 두신 것이다. 과연 생령 아담의 마음은 어떠한 상황에서도 변치 않는 참마음이었는가?

우리가 어떤 것의 참 가치를 알려면 상대적인 것을 경험해야 한다. 불행을 아는 사람만이 행복의 진정한 가치를 알고 아픔을 겪었을 때에 건강의 소중함을 절실히 깨우친다. 미움을 체험했을 때에 사랑이 좋은 것을 알며, 사망을 알

때 생명과 영생이 얼마나 귀한지 아는 것이다. 그런데 생령 아담은 풍요로운 에덴동산에서 자신이 누리는 것의 진정한 가치를 몰랐다. 가난이나 질병, 슬픔, 고통, 사망 등을 모르기 때문에 상대적으로 진정한 감사나 사랑을 알 수 없었던 것이다.

또한 죄와 악이 얼마나 더럽고 무서운 것인지 몰랐고 결국 이로 인해 사단의 미혹을 받아 선악과를 먹고 말았다. 불순종한 아담은 에덴동산에서 쫓겨났고 이때부터 아담의 마음에 비진리가 들어와 물들기 시작했다. 세월의 흐름에 따라 사람에게는 선과 진리보다는 그와 반대인 악과 비진리의 마음이 더 강해졌다.

이처럼 불순종한 아담의 후손들을 위해 하나님은 독생자를 보내시고 십자가에 달려 피 흘리게 하셨다. 그래서 예수 그리스도를 영접하는 사람마다 죄 사함을 받고 성령을 선물로 받아 천국으로 인도받을 수 있다. 보혜사 성령은 선과 빛, 영과 진리의 마음을 주관하여 원수 마귀 사단과 싸워 이김으로 악을 버리고 참마음을 갖도록 역사하신다. 우리가 불같이 기도하며 노력할 때 하나님의 은혜와 능력이 임하고 성령의 도우심으로 참마음을 이룰 수 있다.

그러므로 생령 아담이 선악과를 먹기 이전의 마음은 참마음이라 할 수 없다. 인간 경작을 받아 비진리의 검은 마음을 버리고 양심의 악을 깨달아 악은 모든 모양이라도 버림으로 깨끗하고 새로워진 마음이 바로 참마음이기 때문이다. 이런 마음을 가진 사람은 영원한 천국에 이르기까지 하나님 앞에 진정으로 감사하며 찬양과 경배를 드리게 된다. 인간 경작의 과정을 허락하고 상대성을 체험케 하여 참마음을 가진 자녀로 삼아 천국에 들이신 은혜에 영원히 감사하며 변치 않는 사랑을 드리는 것이다.

2. 참마음과 온전한 믿음의 관계

믿음에는 듣고 보아서 알기 때문에 갖는 지식적 믿음과 하나님이 주시는 영적 믿음이 있다. 영적 믿음은 스스로 가질 수 있는 것이 아니다. 출애굽한 이스라엘 백성은 무수한 기사와 표적을 체험하여 지식적으로는 하나님을 잘 알고 믿었다. 그러나 영적 믿음을 요구했을 때 막상 믿음을 내보이지 못하여 오랜 세월 광야에서 연단을 받아야 했다.

이처럼 지식적 믿음과 영적 믿음은 다르며 하나님께서 주시는 영적 믿음이라야 온전한 믿음이라 할 수 있다. '온전한 믿음'은 성경 66권 말씀이 의심 없이 믿어지며 하나님께서 주신 계명을 모두 지켜 행하는 믿음으로서 그리스도의 믿음이라고도 한다. 참마음을 이루면 하나님께서 온전한 믿음을 주신다.

그래서 요한일서 3장 21~22절에 "사랑하는 자들아 만일 우리 마음이 우리를 책망할 것이 없으면 하나님 앞에서 담대함을 얻고 무엇이든지 구하는 바를 그에게 받나니 이는 우리가 그의 계명들을 지키고 그 앞에서 기뻐하시는 것을 행함이라" 말씀한 대로 무엇이나 응답을 받을 수 있다. 또한 성령의 음성을 밝히 듣고 인도받으며 하늘의 지혜를 받고 영혼이 잘됨같이 범사가 잘되고 강건한 복을 받아 하나님께 영광을 돌리게 된다.

뿐만 아니라 "믿는 자들에게는 이런 표적이 따르리니 곧 저희가 내 이름으로 귀신을 쫓아내며 새 방언을 말하며 뱀을 집으며 무슨 독을 마실지라도 해를 받지 아니하며 병든 사람에게 손을 얹은즉 나으리라"(막 16:17~18) 하신 역사가 따른다. 믿음으로 기도하여 갖가지 표적을 행하기도 하고, 어둠의 세력을 제어하며 병든 사람을 낫게 하는 것이다.

성경에는 참마음과 온전한 믿음을 소유하여 하나님 앞에 기쁨이 된 인물이 많이 나온다. 다윗은 나라를 위해 생명 다해 충성하였지만 사울 왕은 백성의 사랑을 받는 그를 시기하여 죽이려 하였다. 그럼에도 다윗은 사울을 변함없이 사랑하며 선대했다. 하나님께서는 이러한 다윗과 늘 함께하시며 이스라엘의 가장 위대한 왕이 되도록 축복하셨다.

다니엘은 생명의 위협을 받으면서도 하나님을 향한 신앙의 절개를 지키다가 사자 굴에 던짐을 받았지만 하나님께서는 천사를 보내 지켜 주시고 이전보다 더욱 높여 주셨다. 사도 바울은 주님을 만난 뒤 한 번도 주님을 향한 사랑이 변하지 않았다. 어떤 환난 가운데서도 하나님을 찬미하였고 순교하기까지 생명 다해 복음을 전했다.

이처럼 참마음과 온전한 믿음을 소유하여 변개함이 없는 사람을 하나님은 귀히 여기고 영광의 도구로 사용하시며 천국에서도 지극히 큰 영광 중에 거하게 하신다. 하나님의 보좌가 있는 천국 새 예루살렘 성을 기업으로 주시며 해와 같이 빛나는 영광을 누리게 하시는 것이다.

의인은 믿음으로 살리라

초판 1쇄 발행 1996년 6월 8일
2쇄 발행 1997년 4월30일
2판 1쇄 발행 2009년 9월11일

지은이 이재록
발행인 빈성남
편집인 빈금선

발행처 우림북
편집부 02-851-3845, 070-8240-5611
팩 스 02-851-3854
영업부 02-837-7632, 070-8240-2072
팩 스 02-869-1537

등록번호 제 1-904호

값 8,000원

ISBN 978-89-7557-200-5
ISBN 978-89-7557-203-6(set)

우림

우림은 구약 시대에 대제사장이 하나님의 뜻을 묻기 위해 사용하던 판결 흉패이며,
히브리어로 '빛'이라는 의미가 있습니다(출애굽기 28:30).
빛은, 곧 하나님 말씀이며 생명입니다.
우림북은 온 누리에 참 빛을 비추고자 오늘도 기도와 정성으로 문서선교 사역에 앞장서고 있습니다.

www.ingramcontent.com/pod-product-compliance
Lightning Source LLC
LaVergne TN
LVHW101919220826
846093LV00009B/298